Marion Dawidowski

Gartendeko selber machen

Marion Dawidowski

Gartendeko selber machen

mit Vorlagenbogen

Augustus Verlag

Inhalt

Vorwort

Mit diesem Buch möchte ich in Ihnen die Lust wecken, Ihren Garten das ganze Jahr über dekorativ zu gestalten. Dabei soll der Gartenschmuck die Pflanzen nicht übertönen, sondern ergänzen. Sie sind vorwiegend Hingucker am Rande und können stille Ecken beleben oder auf besondere Pflanzen aufmerksam machen. Ein paar ausgefallene Pflanzgefäße auf der Terrasse schaffen die Verbindung zum Garten. Hier und dort eine Rankhilfe, eine Vogelscheuche im Gemüsebeet, ein kleiner Kobold an einer Wegbiegung setzen bunte Akzente. Und auch auf dem Balkon gibt es viele Möglichkeiten. Ein paar hübsch bemalte Töpfe, Blumenstecker, ein Pflanzgefäß an der Wand oder ein klingendes Windspiel.

Wie sieht Ihr Traum vom Sommer aus ? Blaue Farbtöne für Accessoires und Stoffe lassen das Meer erahnen. Zierliche Metallformen, Terracotta und Farbtöne zwischen warmem Gelb und Rot geben Terrasse und Garten ein südliches Flair. Und mit Dekorationen aus Naturmaterialien läßt sich je nach Form und Farbe die Stimmung Skandinaviens oder der Alpen herbeilocken.

Aber auch im Winter oder Frühling, wenn die Pflanzen noch Ruhepause haben, schmücken die Gartenaccessoires die kahlen Beete. Sie können die Jahreszeit unterstreichen oder die Vorfreude auf den Sommer wecken.

Verschiedene Materialien eignen sich zu diesem Zweck. Manche überdauern nur eine Saison, andere mehrere Jahre. Während die meisten Pflanzgefäße vor dem ersten Frost ins Haus überwechseln, können Holz- und Metallgegenstände teilweise im Garten verbleiben. Und auch an die Tiere soll hier gedacht werden. Das geschäftige Treiben der Vögel im Frühjahr, das Summen der Bienen bringt erst richtig Leben in den Garten. So finden Sie in diesem Buch auch einige Tips, wie Sie die vielen kleinen Helfer im Garten Willkommen heißen können.

Alle in diesem Buch gezeigten Modelle sind so gearbeitet, daß sie mit einem möglichst geringen Aufwand an speziellen Werkzeugen nachgearbeitet werden können.

Ich wünsche Ihnen nun viel Spaß beim Basteln und Dekorieren.

Marion Dawidowski

Arbeiten mit Holz

Grundmaterial

- *wasserfest verleimtes Sperrholz*
- *Massivholz Kiefer oder Fichte*
- *Rundholzstäbe*
- *Holzdübel*
- *wasserfester Leim*
- *verzinkte Drahtstifte mit Flachkopf*
- *Edelstahlschrauben oder verzinkte Schrauben*
- *farbige und farblose Lacke für den Außenbereich*
- *Terpentinersatz*

Diese Materialien und Hilfsmittel benötigen Sie für die Holzarbeiten.

Für einige Objekte benötigen Sie außerdem noch Perlen, Schleifenband oder Glocken. Die entsprechenden Angaben finden Sie in der jeweiligen Anleitung, die Materialbeschreibung und Bezugsquelle entnehmen Sie dem Anhang.

Sperrholz und Massivholz

Für den Außenbereich eignet sich am besten wasserfest verleimtes Sperrholz oder Massivholz, z. B. Kiefer oder Fichte. Wasserfest verleimtes Sperrholz gibt es in Materialstärken von 4 mm bis 2,5 cm als Platten. Relativ teuer, aber sehr stabil ist Multiplex-Sperrholz. Dieses Sperrholz ist aus besonders vielen dünnen Furnieren kreuzweise wasserfest verleimt. Es weist daher auch eine gute Kantenbearbeitung auf.
Unter den Massivholzsorten eignet sich nordische Fichte sehr gut. Dieses ist ein langsam gewachsenes und dadurch stabiles Holz. Im Holzhandel gibt es Glattkantbretter in den Stärken von 1,85 cm bis 2,6 cm. Der Begriff Glattkantbrett besagt, daß die Bretter gehobelt und die Kanten gefast sind.
Als Leimholz werden Holzplatten bezeichnet, bei denen Massivholzlatten aneinandergeleimt sind. Da diese Platten nicht wasserfest verleimt sind, eignen sie sich nur für geschützte Plätze, etwa unter Dachüberständen. Auch gut lackiert können die Leimungen durch Wettereinflüsse aufspringen. Alle Holzsorten sind im Baumarkt oder Holzhandel erhältlich. Dort oder beim Tischler gibt es häufig auch preiswerte Reste.

Rundholzstäbe und Leisten

Diese sind im Holzhandel oder Baumarkt in großer Auswahl erhältlich. Beides gibt es zumeist aus Kiefernholz in verschiedenen Längen. Rundholzstäbe werden in der Länge von 1 m auch in Buche angeboten. Sie sind fester und stabiler und für die hier gezeigten Modelle am besten geeignet.

Lacke

Es gibt verschiedene Lacke, die sich für den Außenbereich eignen. Zum einen sind dieses wasserverdünnbare Acryllacke, die nur einen ganz geringen Anteil an Lösemitteln enthalten und daher umweltschonend sind.
Lacke auf Kunstharzbasis bieten erfahrungsgemäß einen etwas besseren Wetterschutz. Hierfür benötigen Sie zum Reinigen der Pinsel Terpentinersatz.
Bootslack ist ein weitgehend stoß- und schlagfester Lack auf Kunstharzbasis. Dieser Klarlack bietet einen sehr guten Wetterschutz, neigt jedoch bei Sonneneinstrahlung etwas zum Vergilben.
Alle Lacke, die die Holzoberfläche versiegeln, bekommen leicht feine Risse, wenn das Holz arbeitet. An diesen Stellen tritt dann Feuchtigkeit ein, was mit der Zeit dazu führt, daß der Lack abblättert.
Gut geeignet sind auch offenporige, elastische Wetterschutzfarben auf Wasserbasis, die es in vielen verschiedenen Farbtönen gibt. Sie sind umweltschonend, und auf Grund der hohen Elastizität halten sie das Aufquillen bzw. Zusammenziehen des Holzes aus, ohne abzublättern.
Farbige Holzbeizen ermöglichen einen schönen Farbverlauf. Hierbei bleibt die Maserung des Holzes sichtbar, die Farbe zieht in das Holz ein. Ein zusätzlicher Anstrich mit Klarlack als Wetterschutz ist erforderlich.
Alle Lacke sind im Malerfachgeschäft oder im Baumarkt erhältlich. Zum Aufmalen feiner Trennlinien und Augen eignen sich Lackstifte, die im Schreibwarenhandel erhältlich sind.

Sie haben die Wahl zwischen Dekupiersäge, Stichsäge, Bohrmaschine.

Werkzeug

- *Bleistift*
- *Transparent- und Kohlepapier*
- *elektrische Stichsäge*
- *Laubsäge oder Dekupiersäge*
- *Gehrungslade mit Feinsäge*
- *Hammer*
- *Bohrmaschine mit Bohrständer*
- *Holzbohrer mit verschiedenem Durchmesser*
- *Zollstock oder Maßband*
- *Schraub- oder Klemmzwingen*
- *Schraubenzieher*
- *Raspel / Feile*
- *Schmirgelpapier für Holz, Körnung 80 bis 150*
- *Pinsel*
- *Schutzbrille*

Mit dieser Ausstattung können Sie alle in diesem Buch gezeigten Holzmodelle nacharbeiten. Sie sind aber nicht alle für jedes Modell erforderlich. Eventuell kann Ihnen auch ein Tischler in Ihrer Nähe das eine oder andere Motiv aussägen.

Sägen

Unterschiedliche Materialstärken und die verschiedenen Formen der Modelle erfordern unterschiedliche Geräte.

Laubsäge
Zum Zubehör gehören Sägetischchen mit Schraubklemme und Sägeblätter in verschiedenen Stärken. Die Laubsäge eignet sich für Motive aus dünnem Sperrholz.

Dekupiersäge
Mit einer Dekupiersäge lassen sich, je nach Maschinentyp, Holzstärken bis 3 cm, teilweise sogar bis 5 cm sägen. Besonders gut geeignet ist diese Säge für kurvenreiche oder kleine Motive. Gerade Schnitte auf einem längeren Maß sind schwieriger, da sich das Sägeblatt bei Vorschub des Werkstückes leicht von der angezeichneten Linie entfernt. Sie erzielen einen

besonders sauberen Sägeschnitt, wenn Sie beim Sägen ein Stück Preßpappe oder dünnes Sperrholz unterlegen.

Elektrische Stichsäge
Größere Motive mit Kurven und Bögen oder Teile aus dickem Holz können mit einer Stichsäge ausgesägt werden. Achten Sie darauf, daß Sie auf beiden Seiten der Sägelinie genügend Auflage für die Säge haben. Das Motiv also nicht zu dicht an den Rand zeichnen! Nehmen Sie lieber ein größeres Stück Holz, oder sägen Sie zunächst die kleinen Teile und zum Schluß das größere Teil aus (in den Anleitungen sind immer die Mindestmaße für ein Motiv angegeben). Das Werkstück darf nicht zu klein sein, da Sie es beim Sägen auf einer Arbeitsfläche auflegen müssen, während die Säge neben der Arbeitsfläche gehalten wird. Bei der Stichsäge zeigen die Sägezähne nach oben, daher franst das Holz eher auf der Oberseite aus.

Feinsäge mit Gehrungslade
Zum Ablängen von Leisten und Rundholzstäben ist diese Säge völlig ausreichend.

Holzbohrer

Holzbohrer gibt es von 4 mm bis 14 mm Durchmesser. Von 15 mm bis 35 mm Durchmesser findet man sie unter der Bezeichnung Forstnerbohrer. In einigen Anleitungen finden Sie für Bohrungen die Maßangabe 3 mm Durchmesser. Verwenden Sie hier einen Metallbohrer, da bei so einem geringen Durchmesser eine Zentrierspitze nicht erforderlich ist.

Arbeitstechniken

Übertragen der Motive

Bei geradlinigen Motiven mit Bemaßung übertragen Sie die Maße mit einem Zollstock oder Maßband direkt auf das Holz. Alle anderen Motive zeichnen Sie mit Bleistift vom Vorlagenbogen auf Transparentpapier durch. Übertragen Sie auch alle Markierungen wie Kreuze und Pfeile auf das Holz. Die Kreuze markieren Bohrlöcher in die Fläche eines Werkstücks, die Pfeile geben an, wo Sie seitlich in ein Werkstück hineinbohren müssen.
Die Zeichnung legen Sie nun, mit einem Bogen Kohlepapier darunter, auf das Holz und zeichnen alle Linien noch einmal mit Bleistift nach. Übertragen Sie so auch die Innenlinien für die Bemalung. Bei beidseitig zu bemalenden Motiven übertragen Sie die Innenlinien nach dem Aussägen. Dazu legen Sie nun nur das Transparentpapier seitenverkehrt so auf die andere Seite des ausgesägten Motives, daß sich die Umrißlinien überdekken. Die Innenlinien nachzeichnen, hierbei ist die Wiedergabe etwas schwächer.

Bohren von Löchern

Um Verletzungen zu vermeiden, wird das zu bohrende Werkstück immer in einem Schraubstock eingespannt oder mit Schraubzwingen auf einer Arbeitsplatte befestigt. Sehr hilfreich für saubere Bohrungen ist ein Bohrständer.

Auch Bohrer, Schraubzwingen u. ä. benötigt man zur Holzbearbeitung.

Da das Holz auf der Unterseite um die Bohrungen herum leicht ausfranst, legen Sie immer ein Stück Restholz unter. So erzielen Sie eine weitgehend saubere Bohrung.
Soll eine Bohrung nur bis zu einer bestimmten Tiefe in das Holz gehen, oder sollen mehrere Bohrungen gleich tief werden, können Sie in entsprechender Höhe Klebeband um den Bohrer kleben. So sehen Sie genau, wie tief Sie bohren müssen.

Leimen

Reine Leimverbindungen eignen sich nur, wenn größere Flächen miteinander verleimt werden. Streichen Sie den Leim ganzflächig auf die zu verbindenden Teile auf, und pressen Sie diese dann mit Schraub- oder Klemmzwingen zusammen. Damit die Zwingen keine Druckstellen hinterlassen, legen Sie Holzreststücke unter.

Dübeln

Werden schmale Flächen miteinander verbunden, bekommen diese durch Dübel eine höhere Festigkeit. Bei Werkstücken mit geraden Kanten legen Sie die Stellen für die Dübel durch Ausmessen fest. Bestimmen Sie Kantenabstände und Höhe, und markieren Sie die Stellen durch ein Kreuz. Dieses muß sehr genau sein, da der Dübel keinen Spielraum zuläßt.
Eine zweite Möglichkeit sind Markierungshilfen. Dort wo Maße auf Grund der Form nur ungenau übertragen werden können, leisten sie gute Dienste. Diese Markierungshilfen gibt es für Durchmesser von 4, 6 und 8 mm. Setzen Sie die Markierungshilfen in die Bohrung und drücken das zweite Teil paßgenau dagegen. Die Markierungshilfen haben in der Mitte einen kleinen Dorn, der sich in das Holz drückt. In dieser Vertiefung wird die Zentrierspitze des Bohrers angesetzt. Beim Zusammensetzen der Teile wird zusätzlich geleimt. Auch hier werden die Holzteile mit Schraubzwingen bis zum Abbinden des Leimes zusammengepreßt.
Wo auf Grund geringer Materialstärken Dübel ungünstig sind, helfen Stiftnägel. Deren Kopf wird nach dem Einschlagen in eines der zu verbindenen Teile abgekniffen. Tragen Sie dabei immer eine Schutzbrille. Beide Teile werden dünn mit Leim eingestrichen und paßgenau aufeinander gedrückt. Die Stiftnägel geben der Verbindung zusätzlichen Halt.

Schrauben und Nageln

Dort, wo es den optischen Eindruck nicht stört, werden Nägel oder Schrauben verwendet. Für den Außenbereich benötigen Sie nichtrostende Edelstahlschrauben, verzinkte Schrauben, verzinkte Drahtstifte oder Messingnägel.
Für die Schrauben bohren Sie mit einem Bohrer von geringem Durchmesser Löcher vor, da die Schrauben das Holz sonst spalten könnten.
Geben Sie auch hier etwas Leim auf die Verbindungsstellen, bevor Sie die Schrauben eindrehen. Der zusätzliche Leim erhöht die Festigkeit der Verbindung und verhindert, daß Feuchtigkeit eindringt.

Schmirgeln

Grundsätzlich werden alle Sägekanten geschmirgelt. Arbeiten Sie dabei von der Holzfläche zur Sägekante hin. Vergessen Sie die Bohrungen nicht. Eine besonders glatte Holzoberfläche erhalten Sie, wenn Sie alle Holzflächen erst einmal mit Wasser einstreichen. Durch das Wasser richten sich die Holzfasern auf. Nach dem Trocknen alle Holzflächen noch einmal schmirgeln. Übertragen Sie alle weggeschmirgelten, für die Bemalung notwendigen Linien, wie auf Seite 8 beschrieben auf das Holz.
Vor dem Lackieren alle Holzteile entstauben und überflüssige Linien mit einem Radiergummi wegradieren.

Lackieren

Um einen möglichst guten Wetterschutz zu erreichen, werden die Modelle zweimal lackiert. Das erste Mal wird in Faserrichtung gestrichen, damit die Farbe auch in die Vertiefungen der Maserung gelangt. Der zweite Anstrich erfolgt quer zum ersten. Bei mehrfarbigen Modellen können Sie, sofern der erste Farbauftrag dekkend ist, für den zweiten Klarlack verwenden.
Holzbeizen verlaufen je nach Holzart mehr oder weniger stark ineinander. Möchten Sie dennoch an bestimmten Stellen eine genaue Farbabgrenzung, tragen Sie mit einem dünnen Pinsel und farblich passendem Lack entlang der entsprechenden Linie eine schmale Sperrschicht auf. Lassen Sie die Farbe trocknen und arbeiten Sie dann mit den Holzbeizen weiter.

Arbeiten mit Blech und Draht

Grundmaterial

- *Transparentpapier*
- *Kupferblech, 1 mm stark*
- *Zinkblech, 1 mm stark*
- *Schweißdraht, Ø 2 bis 3 mm*
- *verzinkter Draht, Ø 3 mm*
- *verzinkter Bindedraht oder Zierdraht*
- *weiche Baumwolltücher*
- *Polierpaste (Chrom)*
- *Terpentin oder Terpentinersatz*
- *Rostschutzfarbe*
- *Zinkhaftfarbe*
- *Lacke*
- *Einmalhandschuhe oder Arbeitshandschuhe*

Zusätzlich verwendete Materialien wie Perlen, Bast und mehr finden Sie in den einzelnen Anleitungen und im Anhang.

Bleche

Kupfer- und Zinkblech von 1 mm Stärke erhalten Sie bei Gas- und Wasserinstallationsbetrieben als Reststücke oder in einigen Baustoffhandlungen. Einige Baumärkte führen auch Aluminiumbleche in verschiedenen Dekoren im Sortiment.

Schweißdraht

Schweißdraht gibt es aus verschiedenen Metallzusammensetzungen in 1 m Länge. Je nach Zusammensetzung sind die Schweißdrähte bei einem Durchmesser von 3 mm relativ starr und eignen sich nur zum Biegen einfacher Formen.

Verkupferter Schweißdraht für Stahl

Sie erhalten ihn in den Stärken 2 mm und 3 mm in Bauschlossereien oder Baumärkten. Da dieses Material rostet, muß es durch einen Anstrich vor Feuchtigkeit geschützt werden.

Schweißdraht aus Chrom oder Chrom-Nickel

Dieser Draht ist nichtrostend. Sie können ihn in Stahlgroßhandlungen oder stahlverarbeitenden Betrieben beziehen.

Messingstangen

Erhältlich in Modellbaugeschäften oder Baumärkten in verschiedenen Durchmessern. Sie sind ebenfalls nichtrostend.

Verzinkter Draht

Im Eisenwarenhandel ist verzinkter Draht mit 3 mm Durchmesser als Rolle und 1 mm Durchmesser als Bindedraht erhältlich. Zinkdraht ist weicher als Schweißdraht und eignet sich gut zum Biegen von Figuren. Es ist ein nichtrostendes Material. Zum Lackieren muß Zink mit Zinkhaftfarbe vorgestrichen werden.

Lacke und Vorstrichfarben

Da Lacke auf Metall nicht gut haften, muß mit einem Haftgrund vorgestrichen werden. Schweißdrähte für Stahl benötigen zusätzlich einen Rostschutz. Hierfür eignet sich All-Primer Vorstrichfarbe. Diese gibt es in verschiedenen Farbtönen. Anschließend kann in der gewünschten Farbe mit Acryllack oder Lack auf Kunstharzbasis (siehe Seite 7) für den Außenbereich lackiert werden.
Für Zink verwenden Sie spezielle Zinkhaftfarbe, die es als Spray oder Lack gibt.

Die Vorstrichfarben trocknen matt auf und können ohne weiteren Anstrich bleiben. Erhältlich in Malerfachbetrieben und Baumärkten. Ebenfalls gibt es speziellen *Überzuglack,* der einen glasklaren Plastikfilm bildet. Er hält Oxidation und Rost auf und eignet sich somit gut für die Blecharbeiten in diesem Buch.
Zum Reinigen der Pinsel und zum Verdünnen der Farbe benötigen Sie bei Kunstharz- und Vorstrichfarben Terpentinersatz, bei den wasserlöslichen Acryllacken genügt Wasser.

Bleche, Drähte, Schlüsselfeile, Blechschere und Zangen gehören zu Ihrem Grundrüstzeug.

Werkzeug

- *Bleistift*
- *Haushaltsschere*
- *Anreißnadel oder Stahlnagel*
- *Blechschere*
- *Arbeitshandschuhe*
- *Seitenschneider*
- *Kombizange*
- *Schlüsselfeile*
- *Zollstock oder Maßband*
- *Laubsäge mit Metallsägeblatt*
- *Bohrmaschine mit Metallbohrern*
- *Schmirgelpapier für Metall, Körnung 100*
- *Schutzbrille*
- *Pinsel*

Blechschere

In Baumärkten gibt es meist eine kleine Auswahl verschiedener Blechscheren. Es gibt rechte und linke Blechscheren. Halten Sie die Blechschere am Griff gerade vor sich hin. Befindet sich die leicht schräge Fläche, der Schneidtisch, auf der rechten Seite der Schneide, handelt es sich um eine rechte Blechschere. Bei der linken Blechschere ist der Schneidtisch auf der linken Seite. Für die in diesem Buch gezeigten Motive kommen Sie mit einer rechten Blechschere aus.

Feilen

Metallfeilen gibt es in verschiedenen Formen und Größen. Mit einer halbrunden Schlüsselfeile kommen Sie bei den in diesem Buch gezeigten Motiven aus.

Sägen

Verwenden Sie eine Handlaubsäge oder eine Dekupiersäge mit Metallsägeblättern.

Arbeitstechniken

Übertragen der Motive

Stellen Sie von dem gewünschten Motiv eine Pappschablone her. Dazu pausen Sie das Motiv vom Vorlagenbogen auf Transparentpapier durch. Kleben Sie das Transparentpapier auf dünne Pappe oder Tonkarton, und schneiden Sie es mit der Schere aus. Legen Sie nun die Schablone auf das Blech und umfahren diese mit einem weichen Bleistift, einer Anreißnadel oder einem Stahlnagel.

Schneiden mit der Blechschere

Um ein Gefühl für das Schneiden mit der Blechschere zu bekommen, schneiden Sie ein paar einfache Formen zur Probe aus. Tragen Sie an der Hand, mit der Sie das Blech halten, einen Handschuh. Die Schnittkanten sind recht scharf. Spitze Winkel schneiden Sie von beiden Seiten her ein. Bogen möglichst ohne häufiges Neuansetzen der Blechschere schneiden, da sich sonst spitze Absätze ergeben. Hier ist es oftmals leichter, beim Schneiden das Blech zu drehen und nicht die Schere.

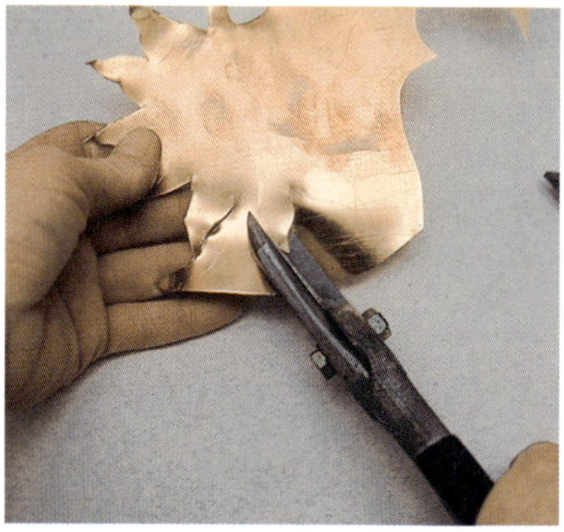

Das Schneiden mit der Blechschere erfordert etwas Kraft und auch ein wenig Geduld.

Bohren von Löchern

Befestigen Sie das Motiv mit einer Schraubzwinge auf einem Bohrklotz an der Arbeitsplatte. Beim Bohren von Blech das Werkstück nicht mit der Hand festhalten!

Metallverbindungen

Um den Aufwand spezieller technischer Geräte so gering wie möglich zu halten, wurde in diesem Buch auf Löten und Schweißen verzichtet. Da die Modelle keinen großen Belastungen ausgesetzt sind, genügt hier oft eine aufgesetzte Holzkugel, ein Umwickeln mit Bindedraht oder ein Verkleben mit Zweikomponentenkleber.

Draht biegen

Bogen lassen sich gut über den Daumen biegen. Greifen Sie den Draht auf der einen Seite mit der Zange, das andere Ende mit der freien Hand fassen und gegen den Daumen umbiegen. Um einen rechten Winkel zu biegen, wird der Draht zunächst mehr als 90° Grad geknickt und anschließend wieder ein Stück zurückgebogen. Achten Sie immer darauf, daß Sie den Draht beim Biegen nicht verdrehen, damit das Motiv plan aufliegen kann. Beim Abkneifen von Drahtenden mit dem Seitenschneider immer eine Schutzbrille tragen!

Polieren

Kupfer- und Zinkbleche rosten nicht und können unlackiert im Außenbereich genutzt werden. Mit der Zeit oxidieren sie jedoch und werden matt und dunkel. Tragen Sie etwas Polierpaste auf ein weiches Baumwolltuch oder einen Topfschwamm auf und reiben Sie mit kreisenden Bewegungen über das Motiv. Mit einem sauberen Tuch nachreiben. Tragen Sie dabei Handschuhe, da das Blech sonst durch den Hautschweiß wieder oxidiert.

Mit Daumen und Zange biegen Sie gleichmäßige Bogen. Den Draht dabei nicht verdrehen!

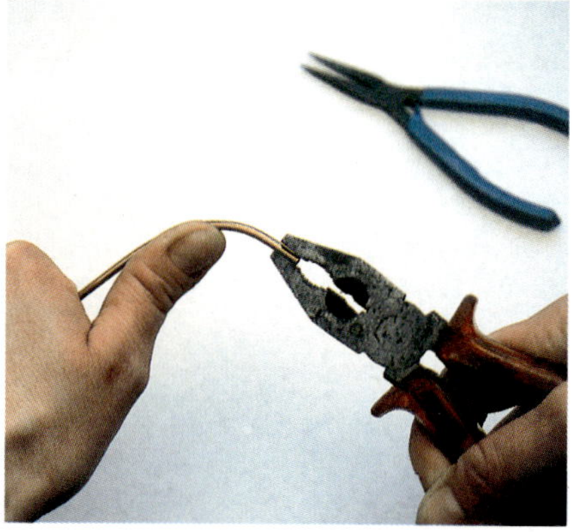

Lackieren

Möchten Sie ein erneutes Oxidieren hinauszögern, dann lackieren Sie das Metall mit Klarlack bzw. Überzugslack.
Alle Metalle müssen vor dem Lackieren fettfrei gemacht werden. Schweißdrähte zusätzlich mit Schmirgelpapier etwas anrauhen. Geben Sie ein wenig Reinigungsbenzin oder Terpentin auf ein Tuch, und reiben Sie das Metall damit ab. Damit kein Hautfett auf das Metall gelangt, tragen Sie dabei Handschuhe.
Vor dem eigentlichen Lackieren werden Metalle zunächst mit Vorstrichfarbe behandelt. Bei den dünnen Schweißdrähten erzielen Sie das beste Ergebnis, wenn Sie die Farbe auftupfen.
Nach dem Trocknen der Farbe (Herstellerangaben zur Trocknungszeit beachten!), können die Werkstücke mit Lack gestrichen werden.
Durch Witterungseinflüsse, vor allem aber durch mechanische Einflüsse, können feine Risse im Lack entstehen. Hierdurch kommt es zu Bildung von Rost oder Oxidation dieser Stellen. Entfernen Sie die Farbe an diesen Stellen. Den Rost mit Schmirgelpapier möglichst völlig entfernen, oxidierte Stellen polieren und jeweils wie zuvor beschrieben lackieren.

Arbeiten mit Naturmaterialien

Grundmaterial

- *Weidenruten*
- *Äste und Zweige*
- *Bambus*
- *Bast*
- *Bindedraht*
- *wasserfester Leim*
- *verzinkte Drahtstifte*

Da naturgewachsenes Holz keiner Norm entspricht, finden Sie in den Anleitungen zu diesen Materialien häufig variable Maß- und Mengenangaben. Hier müssen Sie ein wenig ausprobieren und eventuell Zweige unterschiedlicher Stärken austauschen. Es kann also durchaus vorkommen, daß Sie Material übrigbehalten oder etwas mehr benötigen.

Weidenruten

Weiden sind geschützt und dürfen deshalb nicht einfach am Wegesrand geschnitten werden. Sofern Sie keine Weide in Ihrem eigenen Garten haben, wenden Sie sich an das örtliche Umweltamt oder den Naturschutzbund. Dort können Sie Informationen bekommen, wo im Rahmen von Pflegeschnittmaßnahmen Material zu bekommen ist. Getrocknete Weidenruten gibt es in Korbflechtereien, einigen Gärtnereien oder in manchen Bastelgeschäften. Diese getrockneten Weidenruten müssen über Nacht in Wasser eingeweicht werden, damit sie wieder elastisch werden. Die Einweichzeit ist abhängig von der Länge der Ruten und der Weidensorte. Es können geschälte oder ungeschälte Weidenruten verarbeitet werden.

Heckenschnitt

Zum Flechten oder Formen eignen sich auch einige andere Pflanzen. Halten Sie Ausschau nach einjährigen Trieben von Hecken und Büschen, die wenig verzweigt und sehr geschmeidig sind. Lassen Sie die Zweige an einem geschützten Ort etwa zwei Wochen trocknen, bis sie noch geschmeidig sind, aber nicht mehr so stark schrumpfen.

Äste und Zweige

Äste und Zweige dürfen ebenfalls nicht willkürlich geschnitten werden. Die Bäume können dadurch geschädigt werden. Im Frühjahr oder Herbst fällt genügend brauchbares Schnittgut an, wenn nicht im eigenen Garten, dann bei den Städten oder Gemeinden. Oder fragen Sie bei Betrieben, die Kaminholz aufbereiten. Wählen Sie Zweige aus, die möglichst wenig verzweigt sind. Birkenholz wirkt wegen der schönen Rinde besonders dekorativ.
Das Holz sollte einige Monate trokken und luftig gelagert werden, bevor Sie es verarbeiten. Frisch geschnittenes Holz läßt sich schwer sägen und durch den hohen Feuchtigkeitsgehalt kaum leimen, dafür aber gut spalten. Zudem schrumpft es durch das Trocknen, was dazu führen würde, daß sich Verbindungen lockern. Die Trokkendauer ist von der Art des Holzes, dem Durchmesser und der Luftfeuchtigkeit abhängig.

Eine kleine Auswahl dessen, was Sie an Naturmaterialien verwenden können.

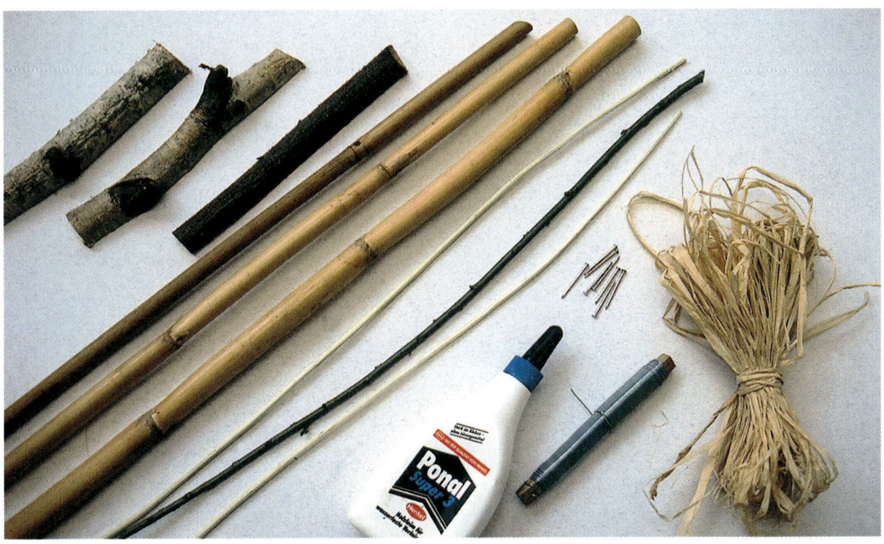

Bambus

Bambusstangen gibt es in verschiedenen Stärken und Längen. In Gartencentern steht Ihnen eine große Auswahl zur Verfügung. Bambus ist sehr spröde und neigt beim Bohren oder Sägen leicht zum Splittern. Dies können Sie etwas vermeiden, indem Sie einen Streifen Kreppklebeband neben der Sägestelle um die Bambusstange kleben.

Bast

In Bastelgeschäften gibt es Bast in verschiedenen Farben aus Viskose, der leicht glänzt. Naturbast erhalten Sie ebenfalls im Bastelgeschäft oder in Gärtnereien. Bast ist kein wetterbeständiges Material, es muß von Zeit zu Zeit erneuert werden.

Bindedraht

Der einfache normale Bindedraht ist nicht rostfrei. Es gibt Bindedraht auch in Messing, Zink oder farbig. Erhältlich im Floristikbedarf- und Bastelgeschäft (mit Durchmessern von 0,5 mm bis 1 mm).

Werkzeug

- *Astschere*
- *Baumsäge*
- *Beil und Spaltkeil*
- *Gehrungslade und Feinsäge*
- *Taschen- oder Schnitzmesser*
- *Hammer*
- *Zollstock und Maßband*
- *Bleistift*

Arbeitstechniken

Weidenruten schälen

Verwenden Sie ein Taschenmesser. Setzen Sie das Messer in einem flachen Winkel auf der Weidenrute an. Das Messer nun mit leichtem Druck auf der Weidenrute herunterziehen. So rundherum weiterarbeiten. Rindenreste können leicht von Hand abgezogen werden.

Weidenruten flechten und formen

Gehen Sie beim Flechten der Weiden behutsam vor. Ein Knick der Weidenrute kann nicht mehr behoben werden. Flechten Sie das Material stramm ein, da es durch das Trocknen noch etwas schrumpft.
Geschälte Weiden brechen beim Flechten leichter, lassen sich dafür aber besser biegen als ungeschälte. Ungeschälte Weiden bleiben hingegen mehrere Tage elastisch. Diese Eigenschaften kommen besonders beim Formen eines Werkstücks aus Weide zum Tragen. Während eine geschälte und zu einer Form gebundene Weide schon nach einem Tag getrocknet ist und in der Form nicht korrigiert werden kann, ist die ungeschälte Weide auch nach zwei Tagen noch so elastisch, daß sie Korrekturen zuläßt.

Holz spalten

Holz läßt sich am besten spalten, wenn es noch frisch ist. Setzen Sie das Beil oder denSpaltkeil mit der Klinge mittig auf die Stirnseite des Astes und schlagen Sie mit einem anderen Gegenstand darauf.

Verbindungen

Zweige und Äste
Sie werden mit wasserfestem Leim und verzinkten Drahtstiften verbunden.

Bambus
Er wird mit Bindedraht und Bast zusammengebunden. An den Kreuzungspunkten die Bambusstäbe durchbohren, so daß sie rutschsicher angedrahtet werden können. Anschließend diese Stellen mit Bast oder Sisalschnur umwickeln.

Wetterschutz

Holz wird durch seine Rinde vor äußeren Einflüssen geschützt. Wird das Holz zersägt, gespalten oder die Rinde entfernt, entfällt dieser natürliche Schutz. Dennoch hält das Holz den Wettereinflüssen recht lange stand. Ein Lackieren z. B. von rauher Rinde ist recht schwierig. Bei Hölzern mit glatter Rinde oder bei geschälter Weide ist ein Lackieren der Objekte möglich und verlängert die Lebensdauer. Verwenden Sie Klarlack oder offenporige Holzschutzfarbe, die für den Außenbereich geeignet ist. Bambus hat durch seine sehr glatte Oberfläche einen guten Eigenschutz. Möchten Sie es lackieren, müssen Sie die Oberfläche zuvor mit Schmirgelpapier anrauhen.

Klangspiele

Wie es zum Klingen kommt

Klangspiele können je nach Art nur gelegentlich oder ständig, leise oder kräftiger klingen. Ein Klangspiel aus Metall hört sich eher klimpernd an, während das Bambusspiel in kräftigeren, satteren Tönen erklingt.
Wie häufig ein Klangspiel ertönt, ist natürlich vom Wind abhängig, aber auch ganz entscheidend von der Aufhängung und der Art des Schwengels: Besteht der Schwengel nur aus einer dicken Holzkugel, braucht es schon etwas Wind, bis das Klangspiel ertönt. Ersetzt man die Kugel durch eine Holzscheibe von 7 cm Durchmesser, die in der Mitte durchbohrt ist und waagerecht aufgehängt wird, erklingt das Windspiel schon häufiger. Wird unter die Kugel oder die Holzscheibe in etwa 12 cm Abstand zusätzlich ein Holzmotiv oder eine Holzscheibe gehängt, genügt fast schon ein Windhauch, um das Windspiel zum Klingen zu bringen, denn der Wind trifft auf eine größere Angriffsfläche. Probieren Sie aus, wie es Ihnen am besten gefällt.

Aufhängen der Klangspiele

◆ Schneiden Sie drei 54 cm lange Stücke Drachenschnur zu. Binden Sie je ein Ende an einer äußeren Bohrung der Holzscheibe fest. Die losen Enden zusammenfassen und zu einer Schlaufe knoten. Nun können Sie die Scheibe zum Anbinden der weiteren Teile möglichst frei aufhängen.

◆ Die Klangkörper werden an den äußeren Bohrungen der Holzscheibe aufgehängt. Dazu fädeln Sie für das Bambusspiel ein 20 cm langes Stück, für die Fische ein 40 cm langes Stück Drachenschnur durch die Bohrung im jeweiligen Klangkörper, fassen beide Schnurenden zusammen und führen diese durch eine Bohrung am äußeren Rand der Holzscheibe. An einem Ende der Schnur eine kleine Holzperle auffädeln und beide Enden miteinander verknoten. Die Perle verhindert, daß der Knoten durch die Bohrung zurückrutscht.

◆ Je nach Art des Schwengels wird dieser unterschiedlich aufgebunden. Wichtig ist hier, daß die dicke Holzkugel bzw. die Holzscheibe so aufgehängt wird, daß sie im Schwingen die Klangkörper auch anschlägt (siehe Skizze a). Knoten Sie die Schnur nicht um die große Holzkugel, da diese sonst nicht mittig hängt. Knoten Sie stattdessen je eine kleine Perle von 8 mm Durchmesser über und unter der Holzkugel an (siehe Skizze b). Führen Sie den Faden durch die mittlere Bohrung der Holzscheibe und knoten Sie dort wieder eine kleine Holzperle an. Möchten Sie zusätzlich ein Holzmotiv oder eine Holzscheibe anbringen, so knoten Sie diese im Abstand von etwa 12 cm unter den Schwengel.

Pflege der Objekte

Durch Regen, Schnee und Sonne verändern die Materialien ihr Aussehen. Holz wird je nach Sorte dunkler, grau und rissig, Kupferblech oxidiert, Schweißdraht setzt dort, wo der Lack angekratzt ist, Rost an, Bast wird unansehnlich. Diese Patina kann sehr reizvoll aussehen, vermittelt sie dem Betrachter doch den Eindruck, daß die Dinge mit dem Garten leben und eine Einheit bilden.
Dennoch sollte die Winterpause zur Pflege der Accessoires genutzt werden. Manches braucht neue Farbe, Bast muß erneuert werden, Metallteile sollten aufpoliert werden, und besonders Holzteile, die im Boden stecken, benötigen einen neuen Schutzanstrich. Entfernen Sie immer erst lose Farbreste mit Schmirgelpapier. Verfahren Sie dann weiter, wie bei den jeweiligen Materialien beschrieben.

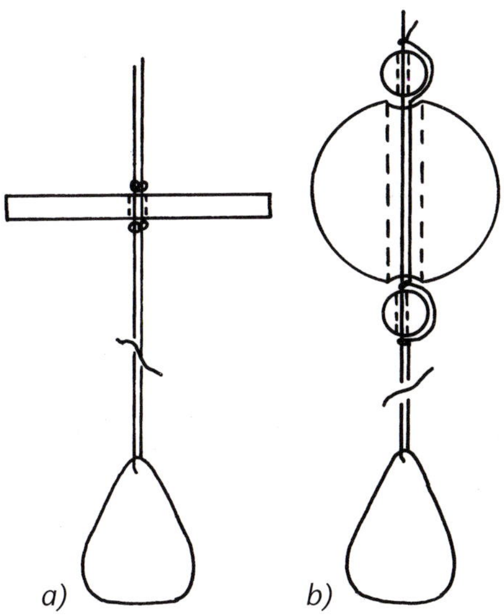

1 Nehmen Sie das Holzbrett quer, und bohren Sie in die oberen Ecken, jeweils 1 cm von den Kanten entfernt, ein Loch.

2 Streichen Sie das Holz mit der Lasur und nach dem Trocknen noch zweimal mit Klarlack.

3 Mit der Kombizange je ein Drahtstück von 23 cm, 15 cm und 48 cm von dem Zinkdraht abkneifen. Biegen Sie mit der Spitzzange aus dem 23 cm langen Drahtstück das Wort ‚Bin' entsprechend der Vorlage (Vorlagenbogen Seite A) nach. Legen Sie dabei das Gebogene zwischendurch immer wieder auf die Vorlage und kontrollieren Sie die Form. An den Stellen, wo der Draht nach einem Bogen parallel wieder zurückführen soll, z. B. beim ‚i', drücken Sie den Bogen mit der Kombizange vorsichtig zusammen. Der 15 cm lange Draht reicht für das Wort ‚im' und die 48 cm sind für ‚Garten'.

4 Arrangieren Sie die Wörter auf dem Holzstück und befestigen Sie diese, indem Sie die kleinen Messingstiftnägel in den engen Kurven der Wörter in das Holz schlagen, z. B. beim ‚i'. Die zwei verzinkten Drahtstifte werden mit dem Seitenschneider etwas gekürzt und als i-Punkte an den entsprechenden Stellen in das Holz geschlagen.

5 Aus einem Drahtstück von 36 cm wird der Aufhänger gebogen. Dazu die Drahtenden jeweils durch eine Bohrung führen, hochbiegen und um den Drahtbogen wickeln.

Bin im Garten

Das ist die freundliche Information der Besitzer nicht einsehbarer Gärten, die ihre Besucher auch dort sehen wollen.

Material

- *Fichten- oder Kiefernbrett, 1,8 cm stark, 9 cm x 16 cm*
- *1 Rolle Zinkbindedraht, Ø 2 mm*
- *2 verzinkte Drahtstifte mit Flachkopf, 12 mm x 20 mm*
- *4 Messingstiftnägel 0,8 mm x 11 mm*
- *Lasur in Blau*
- *Klarlack*

Werkzeug

- *Bohrmaschine*
- *Bohrer, Ø 3 mm*
- *Kombizange*
- *Spitzzange*
- *Hammer*
- *Pinsel*

Willkommen

Bei diesem Gruß tritt man als Gast besonders gerne ein. Auf zum Gartenfest!

Material

- *Sperrholz, 7 mm stark, 10 cm x 30 cm*
- *Sperrholz, 4 mm stark, 18 cm x 20 cm*
- *1 Rolle Zinkbindedraht, Ø 2 mm*
- *Messinggliederkette, 52 cm*
- *3 Messingglöckchen, Ø 11 mm*
- *2 Messingglöckchen, Ø 17 mm*
- *2 Messingstiftnägel, 0,8 mm x 11 mm*
- *Messingzierdraht, Ø 0,6 mm*
- *Zinkhaftspray*
- *Lack in Schwarz, Rot, Weiß, Grün und Klarlack*
- *wasserfester Leim*
- *Paketschnur, 10 cm*

Werkzeug

- *Laubsäge*
- *Bohrmaschine*
- *Bohrer, Ø 3 mm*
- *Kombizange*
- *Spitzzange*
- *Hammer*

1 Übertragen Sie die Vorlage für die Kuh auf das 4 mm starke Sperrholz und die Vorlage für den Bogen auf das 7 mm starke Sperrholz (Vorlagenbogen Seite A).

2 Sägen Sie beide Teile mit der Laubsäge aus, und bohren Sie an den in der Vorlage gekennzeichneten Stellen die Löcher. Mit Schmirgelpapier alle Kanten glätten.

3 Bemalen Sie die Kuh laut Foto oder nach Ihren eigenen Vorstellungen. Nach dem Trocknen der Farben die Kuh und den Bogen zweimal mit Klarlack lackieren.

4 Von dem Zinkdraht einmal 22 cm und einmal 90 cm abkneifen. Aus dem 22 cm langen Drahtstück das ‚W' nach der Vorlage biegen. An das lange Drahtstück biegen Sie zunächst eine Öse, die später am ‚W' angehängt wird. Nun entsprechend der Vorlage das Wort zu Ende biegen. Die Öse am ‚W' einhängen und zusammenkneifen.

5 Den Schriftzug auf eine alte Zeitung legen, mit Zinkhaftspray einsprühen und anschließend schwarz lackieren.

6 Den getrockneten Schriftzug auf den Holzbogen legen und mit den Stiftnägeln befestigen. Dazu je einen Nagel im mittleren Bogen des ‚W' und zwischen den ‚m' mit dem Hammer halb einschlagen und mit der Spitzzange umbiegen.

7 Von der Gliederkette durch Aufbiegen eines Kettengliedes 18 cm abtrennen. Die beiden äußeren Kettenglieder weit aufbiegen und in die Bohrungen am oberen Rand des Holzbogens drücken.

8 Den Rest der Kette halbieren und die Kuh in gleicher Weise wie oben beschrieben am Holzbogen befestigen.

9 Mit dem Messingzierdraht die Glöckchen an den Bohrungen der Kuh befestigen. Zum Schluß die Paketschnur mit einem Tropfen Leim als Schwanz in die entsprechende Bohrung kleben und am Ende einen Knoten machen.

Für den Sitzplatz

Das blaue Haus

Vogelhaus – aber nicht für Vögel. Das ist ein praktischer Utensiliensammler, der handfest und sehr dekorativ ist.

Material

- *1 Fichtenglattkantbrett 1,85 cm x 19 cm, 2,10 m lang*
- *Sperrholz 4 mm stark, 10 cm x 35 cm*
- *4 Schatullenscharniere 1,7 cm x 2,5 cm mit den entsprechenden Schrauben*
- *24 Holzdübel, Ø 8 mm*
- *8 Stiftnägel, 1 mm x 15 mm*
- *Rundholz, Ø 8 mm, 5 cm lang*
- *1 Dekovogel aus Holz*
- *Lackfarben in Blau, Weiß, Grün und Klarlack*
- *wasserfester Leim*

Werkzeug

- *elektrische Stichsäge*
- *Laub- oder Dekupiersäge*
- *Bohrmaschine*
- *Metallbohrer, Ø 3 mm*
- *Holzbohrer, Ø 8 mm und 30 mm*
- *Schraubenzieher*
- *kleines Stecheisen oder Taschenmesser*

1 Das Fichtenholz laut Zuschnittplan auf Seite 20 zurechtsägen. In das Vorderteil des Hauses das ‚Einflugloch' von 3 cm Durchmesser und 2,5 cm darunter das Loch für das Rundholz von 8 mm Durchmesser bohren.

2 Von Seite A des Vorlagenbogens Zaun und Gras auf 4 mm starkes Sperrholz übertragen und mit der Laubsäge aussägen. Aus dem Sperrholzrest zusätzlich ein Stück von 6 cm x 6 cm als Verschluß für das ‚Einflugloch' sägen. Alle Kanten schmirgeln.

3 Zunächst das Haupthaus mit zwei Dübeln je Verbindungsstelle zusammensetzen, aber noch nicht verleimen. Die Dübelpunkte für den Anbau und das kleinere rechte Dachteil des Haupthauses festlegen und bohren. Beachten Sie, daß das Dach auf der Rückseite bündig mit der Hauswand abschließt und mit der noch freien Giebelschräge eine Linie bildet. Das Haus probeweise zusammensetzen.

4 Die Lage der Scharniere am festsitzenden Dachteil und am Seitenteil des Anbaus markieren und mit einem Stecheisen oder Messer 2 mm tief herausarbeiten (siehe Foto rechts).

5 Die Scharniere geschlossen in die Vertiefungen legen. Die Stiftnägel durch die Bohrungen der Scharniere halb in das Holz einschlagen und die Nagelköpfe so abkneifen, daß die Nägel etwas höher stehen als die Scharniere. Nun die Dachteile paßgenau auflegen und andrücken. Die Scharniere und Nägel entnehmen und die so gekennzeichneten Stellen mit dem 3 mm-Bohrer 5 mm tief vorbohren. Falls Sie das Haus später aufhängen möchten, müssen Sie an der Rückseite zwei Löcher dafür bohren.

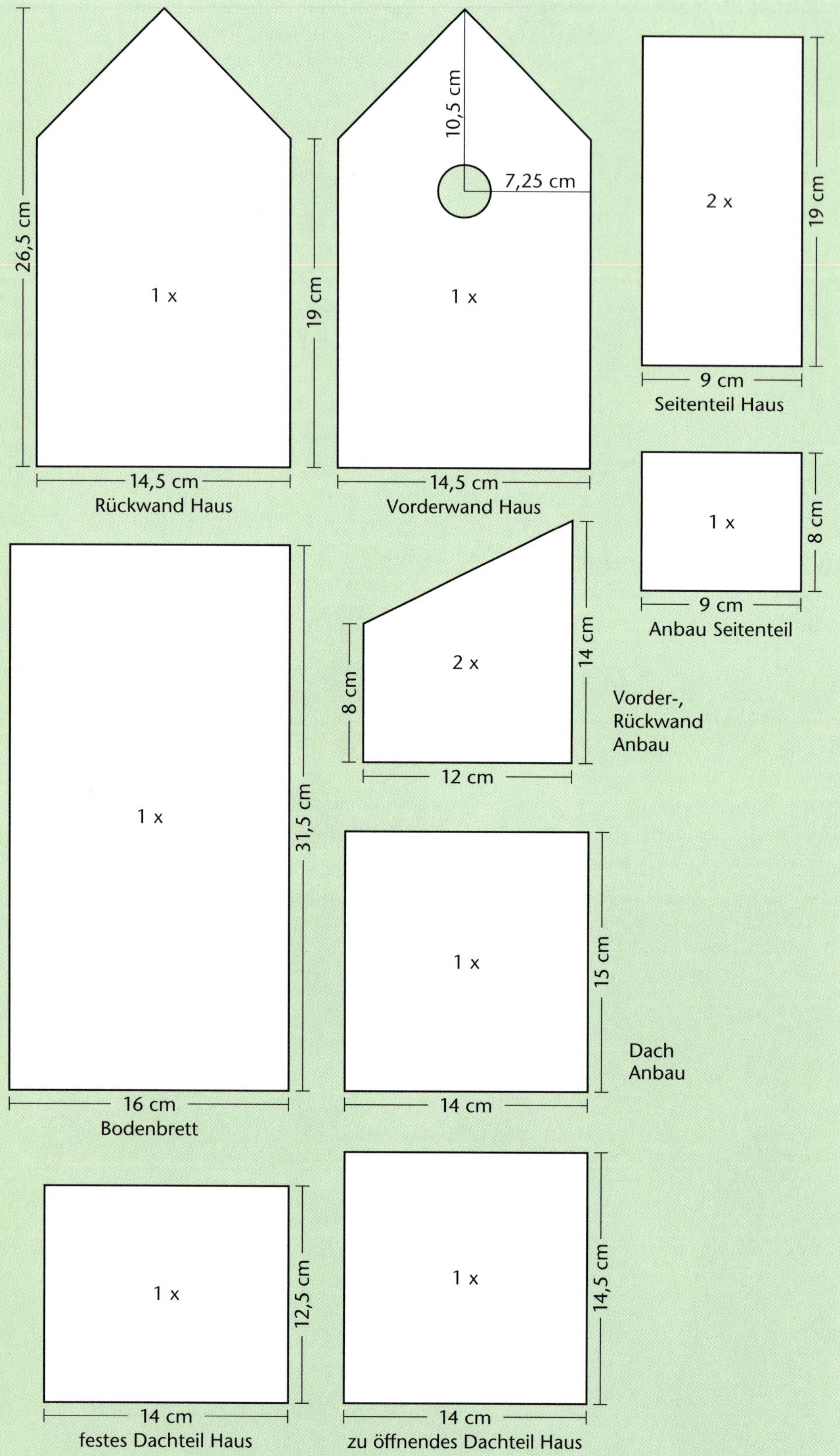

6 Das Haus zusammenleimen. Dabei darauf achten, daß die Hausecken im 90° Winkel stehen (siehe Skizze). Mit Schraubzwingen einspannen.

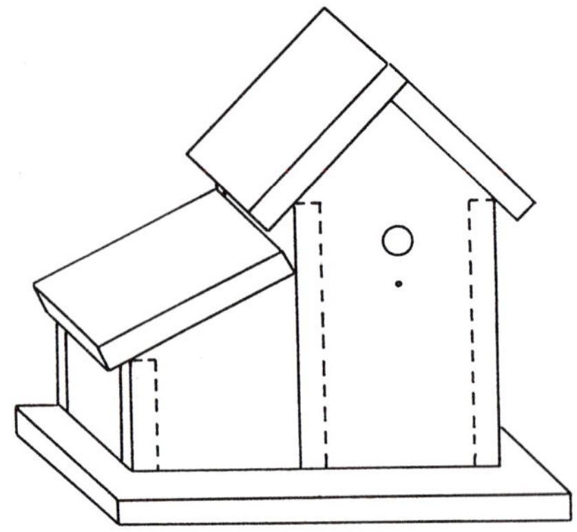

7 Nachdem der Leim abgebunden hat, das Haus mit dem Bodenbrett (die Rückwand mit der Brettkante bündig) verdübeln und leimen. Darauf achten, daß die Rückwand mit der Brettkante bündig abschließt. Den Leim abbinden lassen.

8 Lackieren Sie das Haus von außen, dabei auf der Vorderseite die unteren 4 cm freilassen. Die losen Dachteile von allen Seiten, Zaun und Gras nur von einer Seite lackieren.

9 Nach dem Trocknen der Farbe die Scharniere festschrauben. Das Rundholz als Sitzstange einleimen und klar lackieren.

10 Zuerst den Zaun, danach das Gras vor das Haus leimen und beides mit Schraubzwingen fest anpressen. Leimen Sie den Vogel auf der Sitzstange fest. Damit auch wirklich kein Vogelpärchen später zwischen Kerzen nistet, das 6 cm x 6 cm große Sperrholzstück schwarz lackieren und von innen gegen das ‚Einflugloch' leimen.

Glasaufsetzer mit Tiermotiven

Betreten verboten für alle Bienen, Wespen und sonstigen »Gartenflieger«. Dieser Saftladen bleibt dicht für »Flugkörper« jeder Art.

Material

- *Sperrholz, 6 mm stark, 20 cm x 30 cm*
- *Sperrholz, 10 mm stark, 20 cm x 20 cm*
- *6 Holzdübel, Ø 8 mm*
- *wasserfester Leim*
- *Lackfarben*

Werkzeug

- *Laubsäge*
- *Bohrmaschine*
- *Holzbohrer, Ø 8 mm*

1 Übertragen Sie die Tiermotive von Seite A des Vorlagenbogens auf das 10 mm starke Sperrholz. Auf das Sperrholz von 6 mm Stärke zeichnen Sie sechs Kreise mit einem Durchmesser von 8,5 cm. Sägen Sie alle Teile aus, und schmirgeln Sie die Kanten glatt.

2 Die Kreise in ihrem Mittelpunkt durchbohren und bei den Tieren in die Unterkante 1 cm tief (beim Wurm etwas weniger tief) hineinbohren. Leimen Sie jedem Tier einen Holzdübel in die Bohrung. Die Holzteile nun laut Foto oder nach eigenen Vorstellungen be-

malen, dabei die Holzdübel aussparen. Alle Teile noch einmal mit Klarlack überziehen und trocknen lassen.

3 Die Tiere als Griff in die Holzscheiben stecken. Zum Trinken mit dem Strohhalm oder zur platzsparenden Aufbewahrung nehmen Sie die Tiere einfach wieder ab.

Tip

Nach häufigem Gebrauch können sich Dübel und Bohrung so weit lockern, daß das Tier als Griff nicht mehr in der Bohrung hält. Hier läßt sich schnell Abhilfe schaffen: Bohren Sie 7 mm unterhalb des Tieres ein Loch von 4 mm Durchmesser in den Dübel. Sägen Sie von einem Rundholz mit 4 mm Durchmesser 6 cm lange Stücke ab. Nach dem Aufsetzen der Tiere wird das Rundholz durch die Bohrung geschoben.

Windlicht am Stab

Schlicht und unaufdringlich der Stab vor filigranem Hintergrund. Umso strahlender wird der Stern bei Nacht leuchten.

Material

- *1 Schweißdraht, Ø 3 mm, 1 m lang*
- *Kupferblech 1 mm stark, 18 cm x 18 cm*
- *2 Holzdiskusse, 12 mm x 5 mm*
- *Glasaufsatz für Teelichter, Ø 6 cm, 8,5 cm hoch*
- *Rostschutzfarbe*
- *Terpentinersatz*
- *Heißkleber*

Werkzeug

- *Blechschere*
- *Bohrmaschine*
- *Metallbohrer, Ø 3 mm*
- *Kombizange*
- *Schlüsselfeile*
- *Heißklebepistole*

1 Übertragen Sie die Sternvorlage von Seite A des Vorlagenbogens auf das Kupferblech, und schneiden Sie diese mit der Blechschere aus.

2 In die Sternmitte ein Loch bohren. Halten Sie den Stern dabei nicht mit der Hand fest. Mit der Schlüsselfeile glätten Sie die Ränder der Bohrung und alle Kanten des Sterns. Den Stern polieren und eventuell lackieren.

3 Den Schweißdraht an einem Ende zu einem Kreis biegen, bis sich die Drahtenden 1 cm weit überlappen. Der Kreis muß einen etwas kleineren Durchmesser haben als der obere Rand des Glasaufsatzes. Da der im Foto gezeigte Glasaufsatz sowohl unten am Bauch, wie auch am oberen Rand den gleichen Durchmesser hat, wird der Drahtkreis zunächst nur etwas kleiner gebogen. Später wird der Glasaufsatz eingehängt und der Kreis etwas mehr zusammengedrückt. Das lange Drahtende im 90° Winkel vom Kreis wegbiegen.

4 Fädeln Sie nun nacheinander einen Diskus mit der gewölbten Seite zum Kreis, den Stern und den zweiten Diskus mit der Wölbung vom Stern weg auf den Draht auf. Dieses muß jetzt geschehen, da die Zierelemente später nicht über den rechten Winkel rutschen. Schieben Sie die Zierelemente möglichst nah an die Glashalterung heran, so können Sie den Draht leichter biegen. In einem Abstand von 9 cm zum Kreis (bei schwereren Gläsern den Abstand verkürzen) einen 90° Winkel biegen. Dabei den Kreis waagerecht halten und das lange Drahtende nach unten biegen.

5 Den Schweißdraht mit Schmirgelpapier etwas anrauhen und entfetten. Die Zierelemente 5 cm vom Kreis zurückschieben und den Diskus auf jeder Seite des Sternes mit einem Tropfen Heißkleber dicht an den Stern drücken.

6 Zunächst mit Rostschutzfarbe, anschließend in Schwarz bis dicht an die Holzelemente lackieren. Den Glasaufsatz in den Drahtkreis einhängen und diesen noch etwas zusammendrücken.

Ein Kerzenhaus

Gut aufgehoben bis zum Einsatz: der Nachschub für einen illuminierten Garten an einem warmen Sommerabend.

Material

- *Sperrholz, 7 mm stark, 36 cm x 50 cm*
- *Sperrholz, 4 mm stark, 10 cm x 10 cm*
- *Stiftnägel, 1 mm x 15 mm*
- *wasserfester Leim*
- *2 Schatullenscharniere, 0,9 cm x 1,9 cm*
- *1 Holzdübel, Ø 8 mm*
- *Acryllack in Grün, Weiß, Gelb, Braun, Schwarz*

Werkzeug

- *Dekupier- oder Laubsäge*
- *Bohrmaschine*
- *Holzbohrer, Ø 5 mm und 8 mm*
- *kleines Stecheisen oder Cutter*
- *Schraubzwingen*

1 Sägen Sie die Teile für das Haus entsprechend nebenstehendem Zuschnittplan aus dem 7 mm starken Sperrholz aus. In die Vorderwand die Bohrung für die Sitzstange von 8 mm Durchmesser und in die Rückwand eine Bohrung zum Aufhängen von 5 mm Durchmesser bohren. Alle Teile mit Schmirgelpapier glätten.

2 Die Seitenteile mit Vorder- und Rückwand verleimen. Um den Verbindungen mehr Halt zu geben, schlagen Sie in die Schmalseiten der Seitenteile je zwei Stiftnägel zur Hälfte ein, kneifen mit dem Seitenschneider die Nägelköpfe ab und drücken die Seitenteile paßgenau auf die Vorder- bzw. Rückwand.

3 Haus in Schraubzwingen spannen. Achten Sie darauf, daß das Haus rechtwinklig wird. Dazu stellen Sie das eingespannte Haus zur Kontrolle in eine Ecke der Grundplatte. Eventuell die Zwingen noch einmal lösen und die Form des Hauses korrigieren.

4 Das kleinere Dachteil mit der Rückwand und der gegenüberliegenden Dachschräge bündig aufleimen. Das Haus auf die Bodenplatte leimen, dabei schließen Rückwand und rückwärtige Kante der Bodenplatte bündig miteinander ab.

5 Legen Sie die Position der Scharniere fest. Gehen Sie dazu weiter vor, wie auf Seite 19 bei dem ‚Blauen Haus' beschrieben. Den Holzdübel leimen Sie an der Vorderwand in die Bohrung ein.

6 Sägen Sie für den Zaun aus dem 4 mm starken Sperrholz fünf senkrechte Zaunlatten von 6 mm Breite und 5 cm Länge und zwei Querstreben von 6 mm Breite und 7 cm Länge. Die Sperrholzstreifen zu einem Zaun zusammenleimen und weiß lackieren.

7 Das Haus in Grün und Braun, denen etwas Schwarz beigemischt ist, lasieren. Dazu den angemischten Farbton mit etwas Wasser verdünnen. Das Einflugloch in Schwarz und Braun aufmalen. Die Sonnenblume von Seite A des Vorlagenbogens mit Kohlepapier auf das Haus übertragen und ausmalen. Zum Schluß den Zaun anleimen und das gesamte Haus mit Klarlack versiegeln.

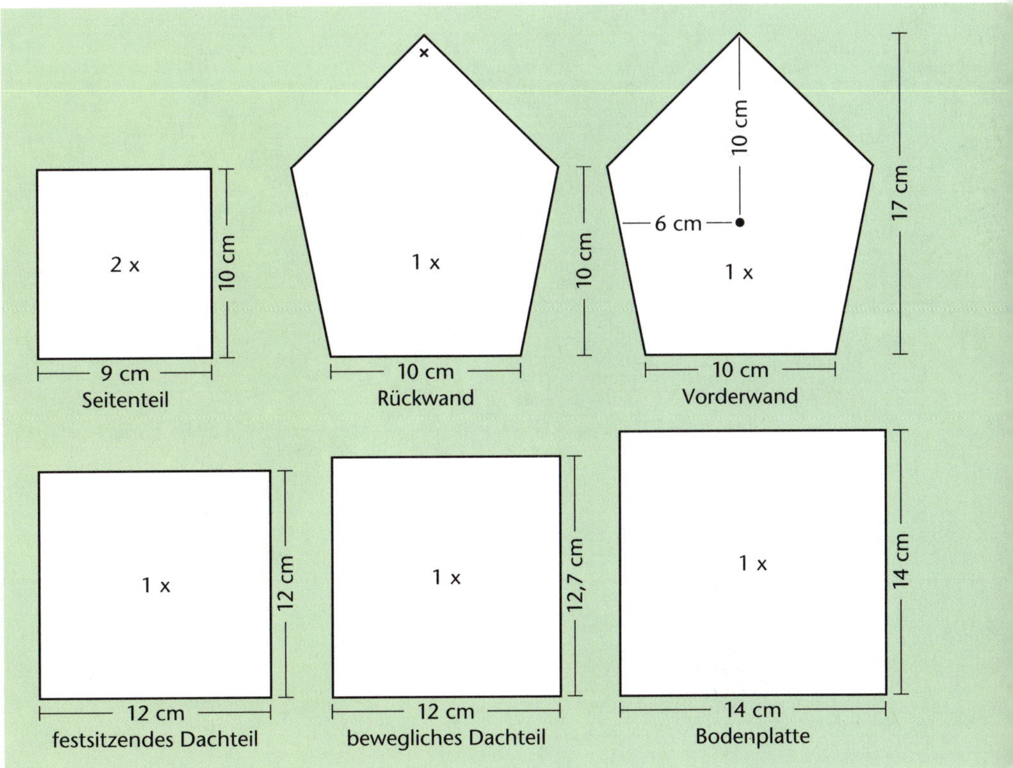

Rund um das Pflanzgefäß

Töpfe mit Schablonenmalerei

Trendy – Schablonenmalerei auf simplen Tontöpfen. Das macht auch Kindern Spaß und bringt noch mehr Farbe ins Blumenleben.

Material

- *Tontöpfe in unterschiedlichen Größen*
- *klare Folie, z. B. von alten Schnellheftern*
- *Lack in den Grundfarben*

Werkzeug

- *wasserfester Filzstift*
- *Cutter*
- *Schere*
- *Pinsel*
- *Schwamm*
- *Deckel von Glaskonserven*
- *Klebefilm*
- *schnittfeste Unterlage*

1 Stellen Sie aus der Folie für jede Farbe des gewünschten Motives eine Schablone her. Mehrteilige Motive sind mit einem Rahmen gezeichnet, dieser erleichtert später beim Malen das Zusammenfügen der Motive. Legen Sie die Folie auf das Motiv (Vorlagenbogen Seite A), und zeichnen Sie zunächst z. B. das Blattgrün und den Rahmen mit wasserfestem Filzstift nach. Verschieben Sie nun die Folie, und zeichnen Sie z. B. die Blüten und den Rahmen auf. Da die Einzelteile einiger Motive sehr dicht beieinander liegen, ist es einfacher, hier zwei Schablonen herzustellen. Achten Sie auf die unterschiedliche Kennzeichnung in der Vorlage: Die schraffierten bzw. nicht schraffierten Motivteile gehören zu einer Schablone. Sind alle Motivteile abgezeichnet, schneiden Sie diese mit dem Cutter aus der Folie heraus. Nun noch die einzelnen Schablonen am Rahmen entlang, solche ohne Rahmen mit 2 cm Rand, ausschneiden.

2 Vor dem Bemalen die Tontöpfe mit warmem Wasser und einer Bürste säubern. Kalkausblühungen bei älteren Töpfen können Sie weitgehend entfernen, wenn Sie dem Wasser etwas Essig zugeben.

3 Nach dem Trocknen der Töpfe legen Sie zunächst die Position der Motive fest. Dazu markieren Sie bei mehrteiligen Motiven die Eckpunkte des Rahmens mit Bleistift auf dem Topf. Bei Motiven wie den Muscheln oder der Blütengirlande messen Sie in der Höhe, in der das Motiv aufgemalt werden soll, den Umfang des Topfes. Teilen Sie dieses Maß in Abschnitte, je nachdem, wie häufig Sie das Motiv wiederholen möchten. Kennzeichnen Sie die Abschnitte mit Bleistift. Die Schablonen werden nun nacheinander entsprechend der Kennzeichnung mit Klebefilm auf den Topf geklebt.

4 Mischen Sie mit dem Pinsel den gewünschten Farbton in einem alten Deckel von Glaskonserven an, und geben Sie etwas Farbe auf den

Schwamm. Mit dem Schwamm die Farbe in den Schablonenausschnitt tupfen (siehe Foto oben). Arbeiten Sie mit wenig Farbe, damit nichts unter die Schablone läuft. Eventuell den Schwamm erst auf einer alten Zeitung etwas abtupfen. Führen Sie keine Wischbewegungen aus, da die Farbe dabei unter die Schablone geschoben wird. Tupfen Sie einen etwas helleren oder dunkleren Farbton in die noch feuchte Farbe hinein, so wirken die Motive plastischer. Bevor Sie die Schablone abnehmen, lassen Sie die Farbe etwas antrocknen.

5 Ist die Farbe ganz getrocknet, können Sie die nächste Schablone aufkleben.

Tip

Um ein Ausblühen der Tontöpfe zu vermeiden, können Sie diese von innen mit Klarlack lackieren.

Blumenkasten mit Holzrahmen

Garantiert aufsehenerregend! Dieser Blumenkasten ist mit seiner Dekoration vielfältig abwandelbar. Wie wär's mit einer Gärtnerparade?

Material

- *Sperrholz 1,2 cm stark, 42 cm x 85 cm*
- *Sperrholz 6 mm stark, 25 cm x 35 cm*
- *1 Rundholz, Ø 4 mm, 40 cm lang*
- *12 Holzdübel, Ø 8 mm*
- *Vierkantleiste 1,5 cm x 2 cm, 80 cm lang*
- *1 Kunststoffblumenkasten, 17,5 cm x 59 cm, 14 cm hoch*
- *4 verzinkte Drahtstifte, 1 mm x 20 mm*
- *Lack*
- *Lackstift in Schwarz*

Werkzeug

- *Laubsäge oder Dekupiersäge*
- *Bohrmaschine*
- *Holzbohrer, Ø 4 mm und 8 mm*
- *Hammer*
- *Schraubzwingen*

1 Übertragen Sie die Vorlage für den Zaun von Seite A des Vorlagenbogens auf das 1,2 cm starke Sperrholz. Dabei das Motiv nach unten verlängern, so daß es von der Unterkante bis zur Spitze 20 cm mißt. Die Breite der vier Zaunteile ist abhängig von den Maßen des Blumenkastens. Für einen Kasten mit den in der Materialliste angegebenen Maßen benötigen Sie zwei Seitenteile von 18 cm Länge sowie zwei Längsteile von 61,5 cm Länge. Achtung: die Seitenteile beginnen und enden jeweils an der Spitzenmitte, die Längsteile beginnen und enden etwa 1,2 cm vor bzw. hinter einer Spitze. Möchten Sie einen bereits vorhandenen Kunststoffkasten umkleiden, ändern Sie die Maße entsprechend ab.

2 Sägen Sie alle Teile aus. Zusätzlich die Unterkanten der Seitenteile mittig auf 14 cm Länge und 1 cm hoch aussägen, damit Gießwasser gut abfließen kann.

3 Von der Vierkantleiste vier 18 cm lange Stücke absägen. Zwei dieser Vierkantstücke an beiden Enden stirnseitig mit dem 8 mm-Bohrer vorbohren.

4 Bohren Sie die Verbindungsstellen der Kastenteile für die Dübel mit dem 8 mm-Bohrer vor. In die Längsteile des Kastens für die Vierkantstücke jeweils 15 cm von der Seite gemessen und 7 mm von der Unterkante je eine Bohrung ausführen. Alle Kanten der Holzteile und die Ränder der Bohrungen schmirgeln.

5 Die zwei nicht gebohrten Vierkantstücke 13 cm von der Unterkante paßgenau auf die Seitenteile nageln. Sie tragen später den Kunststoffkasten mit (siehe Skizze).

6 Die Dübel in die Bohrungen stecken, den Kasten mit eingesetzten Vierkantstücken zusammenleimen und mit Schraubzwingen zusammenpressen. Nachdem der Leim ausgehärtet ist, auf den Holzkasten gleich breite Steifen anzeichnen und zweifarbig lackieren.

7 Übertragen Sie den Jungen und das Mädchen je einmal, die Gans viermal von Seite A des Vorlagenbogens auf das 6 mm starke Sperrholz. Bei einer Gans werden die Füße nicht einzeln, sondern zusammen ausgesägt, da sie auf einem Stab befestigt wird.

8 In das Mädchen und eine Gans von unten mit dem 4 mm-Bohrer ein Loch für das Rundholz vorbohren. Sägen Sie das Rundholz in zwei 20 cm lange Stücke, und leimen Sie diese in die Bohrungen der beiden Figuren ein.

9 Den Jungen und die drei Gänse von nur einer Seite bemalen (den Hut des Jungen von beiden Seiten), das Mädchen und die Gans am Stab von beiden Seiten. Achten Sie beim Bemalen auf die unterschiedliche Laufrichtung der Gänse! Augen und Flügel der Gänse mit dem Lackstift aufmalen. Die Rundholzstäbe grün lackieren.

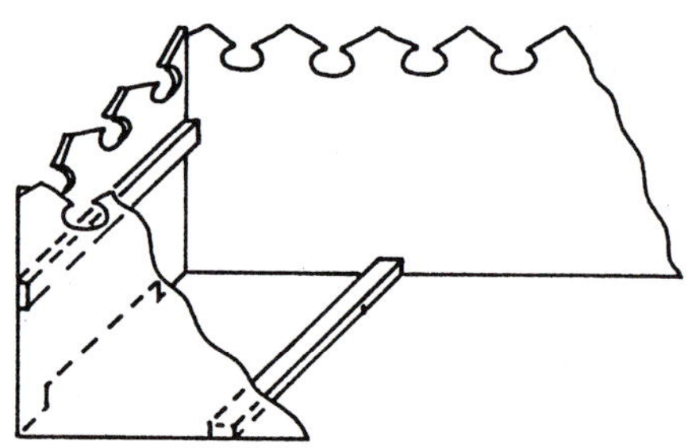

10 Nach dem Trocknen der Farben den Jungen und die drei Gänse auf einer Längsseite des Holzkastens aufleimen und mit Schraubzwingen einspannen. Legen Sie Abfallholz unter die Schraubzwingen, um die Farben nicht zu beschädigen.

11 Zum Schluß den Kunststoffkasten bepflanzen, in den Holzkasten stellen und das Mädchen zusammen mit der Gans in die Blumenerde stecken.

Tip

Der Holzkasten sieht auch ohne Motive schon sehr dekorativ aus. Sie können ihn auch rundherum mit vielen Gänsen schmücken.

Pflanzgefäß aus Birkenholz

Natur zur Natur: Mini-Gartenzäunchen rund um die Blütenpracht. Warum nicht?

Material

- *3 Birkenzweige, Ø etwa 2,5 cm, 1,20 m lang*
- *4 Zweige, Ø etwa 1,5 cm, 20 cm lang*
- *Fichtenholzbrett 20 cm x 25 cm*
- *verzinkte Drahtstifte, 2,5 cm*
- *wasserfester Leim*

Werkzeug

- *Gehrungslade mit Feinsäge*
- *Spaltkeil oder Beil*
- *Hammer*
- *Bohrmaschine*
- *Holzbohrer, Ø 8 mm*

1 Sägen Sie die langen Birkenzweige auf eine Länge von 19 cm zurecht. Mit dem Spaltkeil oder Beil die Zweige nun in der Mitte spalten (siehe Foto ①). Die einzelnen Zweighälften an je einem Ende mit Hilfe der Gehrungslade zur Spitze sägen. Die Unterkanten falls nötig begradigen. Achten Sie darauf, daß Zweigansätze später nach oben zeigen, sonst wirkt es unnatürlich.

2 Je sechs bis sieben der angespitzten Zweigstücke nebeneinander legen. Eventuell einige Zweige gegeneinander austauschen, so daß zwei schmalere Reihen von etwa 18 cm Breite und zwei breitere Reihen von etwa 21 cm Breite entstehen. Die vier dünnen Zweige so zurechtsägen, daß sie jeweils bis zur Hälfte des ersten und letzten Zweigstückes einer Reihe reichen. Legen Sie die Zweigreihen so nebeneinander, daß die flachen Rückseiten nach oben weisen und die geraden Unterkanten eine Linie bilden. Etwa 12 cm von der Unterkante je einen dünnen Zweig aufleimen und zusätzlich an jeden Birkenzweig nageln (siehe Foto ②).

①

3 Sind alle vier Seiten fertig, wird für das Bodenbrett Maß genommen. Die Schmalseiten der Zweigreihen sollen die Längsseiten etwas überlappen. Bei 18 cm Breite und 21 cm Länge ergibt das ein Bodenbrett von etwa 16 cm x 21 cm. Sägen Sie das Bodenbrett Ihren Maßen entsprechend zurecht, und bohren Sie zwei Löcher als Wasserablauf hinein.

4 Die Seitenteile werden nun so an die Brettkanten geleimt und genagelt, daß beim Aufstellen etwa 1 cm Luft unter dem Bodenbrett ist, damit Gießwasser gut abfließen kann. In Höhe der dünnen Zweige ebenfalls die Seitenteile durch Drahtstifte verbinden. Nun können Sie Pflanzen mit Topf in den Birkenkasten stellen oder ihn mit schwarzer Folie auskleiden und direkt bepflanzen.

②

Schubkarre für Blumen

Wie aus einer anderen Zeit – der Schubkarren, der nie gefahren wurde. Ein romantischer Akzent im Blumenflor!

Material

- *2 Birkenäste, Ø 4 cm, 1,10 m lang*
- *2 Birkenzweige, Ø 2,5 cm, 1,30 m lang*
- *Birkenzwille oder 2 Zweige, Ø 2,5 cm, 24 cm lang*
- *Fichtenbrett, 1,8 cm stark, 19 cm x 41 cm*
- *1 Päckchen verzinkte Drahtstifte, 3 bis 4 cm*
- *Baumscheibe, 4 cm stark, Ø 8 cm*

Werkzeug

- *Baumsäge*
- *Astschere*
- *Bohrmaschine*
- *Holzbohrer, Ø 5 mm*
- *Beil*
- *Hammer*
- *Taschenmesser*

1 Die dickeren Äste in drei 42 cm lange und drei 24 cm lange Stücke sägen. Von den dünneren Zweigen zwei 12 cm lange Stücke sägen. Spalten Sie die Äste und Zweige, und lassen Sie nun alles Material einige Wochen trocknen.

2 Die gespaltenen Äste werden zu einem Rahmen zusammengesetzt. Es sollen jeweils drei Holzstücke übereinanderliegen. Die kurzen Stücke stoßen vor die Enden der langen Holzstücke. Hier müssen Sie etwas ausprobieren, welche Aststücke am besten aufeinander passen. Astansätze eventuell mit dem Taschenmesser etwas abflachen. Verbinden Sie alles mit Drahtstiften. Dazu schlagen Sie die Stifte von der Schmalseite des Rahmens in die Längshölzer ein. Für zusätzlichen Halt nageln Sie die gespaltenen Zweigstücke auf der Innenseite des Rahmens in die Ecken, dabei nach unten 2 cm Luft für das Fichtenbrett lassen.

3 Probieren Sie aus, ob das Fichtenbrett in den Rahmen paßt, sonst sägen Sie es auf das richtige Maß zurecht. Nageln Sie zwei etwa 1,10 m lange Zweige in Längsrichtung so unter das Fichtenbrett, daß sie auf der einen Seite 20 cm weit über das Brett hinausragen und ein Zwischenraum für die Baumscheibe von 4 cm bleibt. Auf der anderen Seite verlaufen die Zweige über die Ecken des Fichtenbrettes und stellen die Griffe dar. Die Zwille oder zwei Aststücke werden als Ständer auf der Griffseite unter das Brett genagelt (siehe Foto unten).

4 Bohren Sie in das Fichtenholzbrett zwei bis drei Löcher als Wasserablauf. Stellen Sie das Fahrgestell hin, und setzen Sie den Holzrahmen über das Brett. Verbinden Sie die Eckhölzer des Rahmens durch schräg eingeschlagene Nägel mit dem Fichtenbrett. Ebenso von der Unterseite die beiden langen Zweige mit dem Rahmen verbinden. Die Baumscheibe zwischen die Zweigenden schieben und mit Nägeln befestigen.

5 Kleiden Sie die Schubkarre mit schwarzer Folie aus und stechen Sie über den Bohrungen die Folie durch. Nun können Sie die Schubkarre bepflanzen.

So sieht der Schubkarren von unten aus. Es fehlt nur noch das Rad.

Weiden-ampel für die Wand

Schon mal Weiden geflochten? Tun Sie's, das Ergebnis nach dieser Anleitung ist in jedem Fall »spitze«!

Material

- *Sperrholz 7 mm stark, 17 cm x 17 cm*
- *9 Weidenruten, etwa 45 cm lang*
- *30 Weidenruten, etwa 80 cm lang*
- *Paketschnur*

Werkzeug

- *Laubsäge*
- *Bohrmaschine*
- *Holzbohrer, Ø 8 mm*
- *Rosenschere*
- *Taschenmesser*

1 Übertragen Sie die Vorlage für die Holzscheibe von Seite A des Vorlagenbogens auf das Sperrholz, und sägen Sie diese aus. An den gekennzeichneten Stellen die Löcher bohren. Wählen Sie den Lochdurchmesser nach der Stärke der dicksten Weidenrute, gemessen am unteren Ende. Dies ist wichtig, um die Sperrholzplatte später leicht abziehen zu können.

2 Binden Sie die neun kurzen und zwei der langen Weidenruten an den Spitzen provisorisch mit Paketschnur zusammen. Stecken Sie die Enden der Ruten durch die Bohrungen der Scheibe, verteilen Sie diese so, daß zwischen den beiden langen Ruten eine kurze steckt. Die Scheibe so weit zu den Spitzen schieben, daß die Enden der kurzen Weidenruten 14 cm , die der langen 49 cm herausschauen (siehe Foto ① + ②). Die so eingesteckten Ruten werden im weiteren Textverlauf als Staken bezeichnet.

3 Flechten Sie die übrigen Weidenruten nun von der Scheibe zur Spitze hin ein. Dabei das dickere Ende einer Weidenrute immer innen an einer Stake anlegen und im Wechsel um die weiteren Staken flechten. Das Ende immer innen hinter einer Stake stehen lassen. Flechten Sie so weit zur Spitze hin, wie dies möglich ist. Die letzte Weidenrute besonders sorgfältig feststecken.

4 Ziehen Sie die Holzscheibe ab. Die zwei langen Enden der Staken mit dem Messer anspitzen, vorsichtig zueinander biegen und jeweils rechts neben dem Anfang der anderen in das Geflecht stecken. Mit einer dünnen Weidenrute, die Sie links neben einer Henkelstake einstecken, den Henkel locker ganz umwickeln und das Ende neben der zweiten Henkelstake einstecken. Die übrigen Stakenenden nach rechts umbiegen und links von der übernächsten Stake einstecken (siehe Skizze und Foto ③).

5 Lösen Sie das Paketband, kürzen Sie die Spitzen der Staken auf gleiche Länge, und binden Sie diese mit einer dünnen Weidenrute fest zusammen. Durch das Trocknen der Weiden wird das Geflecht etwas lockerer. Es ist eventuell erforderlich, die untere Bindestelle nach einiger Zeit zu erneuern.

6 Die Weidenampel innen ausputzen, das heißt die Enden der Weidenruten, die zu weit in den Korb ragen, mit der Rosenschere bis kurz vor eine Stake kürzen. Legen Sie die Weidenampel mit schwarzer Folie aus, und pflanzen Sie eine dekorative Pflanze direkt in den Korb, oder setzen Sie einen Topf hinein.

Körbe braucht man immer

Weidenkorb

Der multifunktionale Weidenkorb – füllen Sie ihn wie Sie wollen. Zwei Blumentöpfe machen sich gut darin, aber auch zwei Flaschen Wein.

Material

- *Sperrholz, 7 mm stark, 17 cm x 28 cm*
- *20 Weidenruten, etwa 1 m lang*
- *16 Weidenruten, etwa 50 cm lang*
- *Paketschnur*
- *Klarlack*

Werkzeug

- *Laubsäge*
- *Bohrmaschine*
- *Holzbohrer, Ø 8 mm*
- *Taschenmesser*
- *Rosenschere*

1 Übertragen Sie die Vorlage für den Korbboden von Seite A des Vorlagenbogens auf das Sperrholz, und sägen Sie diesen aus. An den in der Vorlage gekennzeichneten Stellen Löcher in die Bodenplatte bohren, schmirgeln und mit Klarlack lackieren.

2 Schneiden Sie von den langen Weidenruten am dickeren Ende jeweils 15 cm mit der Rosenschere ab. Davon 16 Stücke als Staken in die Bohrungen der Bodenplatte stecken, eventuell mit dem Messer etwas anspitzen (siehe Foto ①).

3 Die nun noch 85 cm langen Weidenruten einflechten. Legen Sie das dickere Ende einer Rute

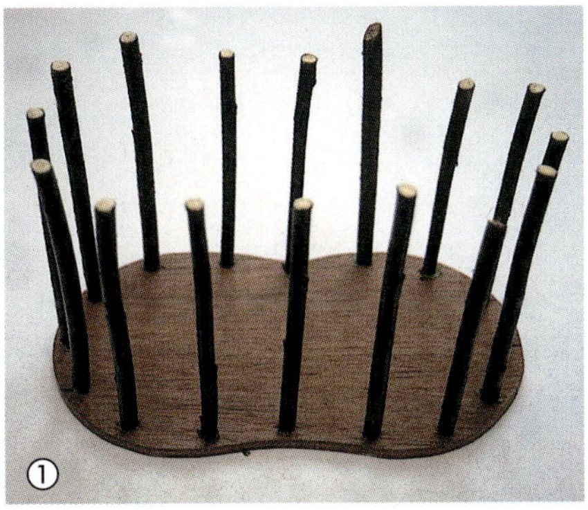

①

②

immer an der Innenseite einer Stake an, dann einflechten und an der Innenseite über dem Anfang enden lassen. Die nächste Weidenrute eine Stake weiter anlegen und einflechten (siehe Foto ②). Arbeiten Sie so weiter, bis Sie am oberen Ende der Staken angekommen sind.

4 Schneiden Sie von den 16 kurzen Weidenruten an den Spitzen

③

20 cm ab. Diese werden als Abschluß eingearbeitet. Stecken Sie dazu die Weidenstücke rechts neben jeder Stake in das Geflecht. Weidenstücke jeweils nach rechts herumbiegen und links neben der übernächsten Stake einstecken (siehe Foto ③). Weiterarbeiten, bis alle Weidenstücke eingesteckt sind.

5 Für den Henkel zwei der langen Weidenruten von der Spitze her auf 50 cm kürzen. Die Enden mit dem Messer leicht anspitzen. Drehen Sie die beiden Weidenruten einige Male umeinander, und biegen Sie sie zu einem leichten Bogen. Noch nicht ganz herumbiegen, da sie sonst leicht knicken, sondern die Weidenruten in dieser Position festhalten, indem Sie die Enden mit Paketschnur zusammenbinden (siehe Foto ④) und etwa ein bis zwei Stunden so ruhen lassen. Nun die Enden weiter zusammenziehen. Verfahren Sie so weiter, bis Sie die Enden auf Korbbreite zusammengezogen haben. Die beiden Weidenruten jeweils rechts und links neben den Staken bis zum Korbboden einstecken. Sollte sich die Verbindung durch das Schrumpfen der Ruten lockern, später eventuell zusätzlich leimen.

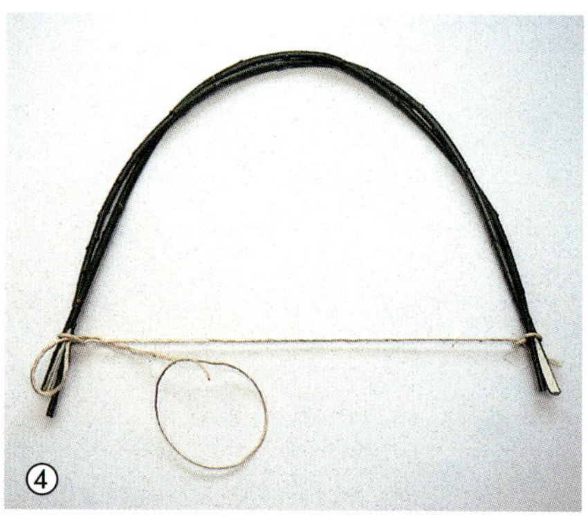

④

Purzelnde Zwerge

Zwerge einmal anders: Sie sind die Hüter Ihrer Lektüre – der fachlichen oder der entspannenden – in einer lauschigen Gartenecke.

1 Übertragen Sie den Zwerg von Seite A des Vorlagenbogens zweimal auf das 1,5 cm starke Sperrholz. Die gestrichelten Linien in der Vorlage zeigen die spätere Lage der Leisten für das Rundholz.

Sägen Sie die Zwerge aus und schmirgeln Sie alle Kanten. Nun die Zwerge entsprechend dem Foto oder nach eigenen Vorstellungen lackieren. Gesichter und Hände sind hier natur belassen.

2 Von der dünnen Vierkantleiste acht Stücke von 32 cm Länge absägen und die Sägeschnitte schmirgeln. Die Vierkantleisten mit dem 4 mm-Bohrer jeweils 7 mm von jedem Ende vorbohren. In das Bodenbrett ebenfalls mit dem 4 mm-Bohrer auf jeder Schmalseite zwei Löcher im Abstand von 7mm von der Kante bohren.

Material

- *Sperrholz, 1,5 cm stark, 45 cm x 70 cm*
- *Sperrholz, 6 mm stark, 11,5 cm x 32 cm*
- *1 Vierkantleiste, 1 cm x 2 cm, 2,60 m lang*
- *1 Vierkantleiste, 1,5 cm x 4 cm, 60 cm lang*
- *24 Edelstahlschrauben, 3,5 mm x 20 mm*
- *1 Rundholz, Ø 2 cm, 32 cm lang*
- *wasserfester Leim*
- *Lack*

Werkzeug

- *Stichsäge*
- *Gehrungslade mit Feinsäge*
- *Bohrmaschine*
- *Holzbohrer, Ø 4 mm und 20 mm*
- *Schraubenzieher*

3 Das Bodenbrett bündig unter die geraden Rückenkanten der Zwerge schrauben. Die Zwerge dabei so anbringen, daß sie sich gegenüber liegen.

4 Auf jeder Seite schrauben Sie vier Leisten mit einem Abstand von 12 mm zueinander an. Legen Sie ein Stück Abfallholz von 12 mm Stärke als Abstandshalter an das bereits festgeschraubte Bodenbrett. Nun können Sie die Leiste beim Anschrauben dort anlegen.

5 Die breitere Vierkantleiste in zwei 27 cm lange Stücke sägen. An je einer Seite der Leisten, 2 cm vom Ende (Mittelpunkt der Bohrung), mit dem Bohrer von 20 mm Durchmesser die Löcher für das Rundholz bohren. Jeweils zwei weitere Bohrungen mit 4 mm Durchmesser 2 cm und 15 cm vom anderen Ende der Leiste gemessen für die Schrauben vorbohren. Die Ränder der Bohrungen mit Schmirgelpapier glätten.

6 Befestigen Sie die Leisten nun entsprechend der Markierung in der Vorlage mit etwas Leim und den Schrauben an der Innenseite der Zwerge. Das Rundholz durch die Bohrungen schieben und einleimen.

7 Nachdem der Leim ausgehärtet ist, lackieren Sie den ganzen Korb sorgfältig mit Klarlack.

Tip

Mit Folie oder Moosplatten ausgelegt, kann dieser Korb auch als Pflanzgefäß dienen.

Figuren am
Wegesrand

Gerätekuh

***Ich bin die Kuh mit einem Bein,
in meinen Bauch paßt vieles rein.***

Material

- *Sperrholz, 1,8 cm stark, 60 cm x 100 cm*
- *4 Holzdübel, Ø 8 mm*
- *1 Rundholz, Ø 1 cm, 20 cm lang*
- *1 Knäuel Paketschnur*
- *1 Glocke, Ø 4 cm*
- *Schleifenband, 95 cm*
- *wasserfester Leim*
- *Lack in Schwarz, Weiß, Rot, Gelb, Grün, Klarlack*
- *3 Gartengeräte mit Handgriff, Ø 3 cm*

Werkzeug

- *elektrische Stichsäge oder Dekupiersäge*
- *Bohrmaschine*
- *Holzbohrer, Ø 8 mm und 30 mm*
- *Schraubzwingen*
- *Schere*

1 Übertragen Sie alle Vorlagen für Standfläche, Kuh und Blume von Seite A des Vorlagenbogens auf das Sperrholz. Den ‚Arm' und das kleine Fußteil je zweimal, die übrigen Teile einmal aufzeichnen. Alle Teile aussägen und die Kanten mit Schmirgelpapier glätten.

2 Leimen Sie Arme und Fußteile paßgenau auf den Körper; mit Schraubzwingen festspannen. Bohren Sie die Löcher für den Blumenstiel und für die Dübel entsprechend den Markierungen auf der Vorlage in die Standfläche. Übertragen Sie die Punkte der vier Bohrungen für die Dübel auf die Fußunterseite, und bohren Sie diese.

3 In die Blüte bohren Sie eine schräge Bohrung für den Blütenstiel. Dazu den Holzbohrer zunächst gerade ansetzen und das Loch 1 bis 2 mm tief bohren. Dann vorsichtig schräg weiterbohren.

4 In den Rücken der Kuh drei Bohrungen von 3 cm Durchmesser für die Gartengeräte bohren. Diese Bohrungen müssen 4,5 cm tief sein, damit die Gartengeräte nicht herauskippen. Achtung: Passen Sie den Durchmesser der Bohrlöcher der Dicke der Gerätestiele an! Da sich in diesen Bohrungen kein Regenwasser sammeln darf, wird in jede Bohrung ein Abflußloch gebohrt. Setzen Sie den 8 mm-Bohrer auf einer beliebigen Seite der Kuh unter dem ‚Arm' an, und bohren Sie schräg nach oben und zum Körper, so daß Sie in die darüberliegende Bohrung treffen. Mit dem 8 mm-Bohrer ebenfalls das Loch für den Schwanz bohren.

5 Die Kuh und die Blume mit der Bodenplatte verleimen. Soll Ihre Kuh auf gepflastertem Untergrund stehen, ist es zweckmäßig, ein Holzstück von etwa 2 cm x 5 cm vorne unter die Standfläche zu leimen, damit die Figur etwas schräg steht und Regenwasser schneller ablaufen kann. Da die Standfläche auf einer Rasenfläche sicher nicht ganz in der Waage steht, ist hier das Klötzchen nicht erforderlich.

6 Bemalen Sie Kuh, Blume und Standfläche entsprechend der Abbildung. Anschließend mit Klarlack lackieren, dabei die Bohrungen für die Gartengeräte mehrmals lackieren, damit die Oberflächen besonders glatt sind und Regenwasser schnell abläuft.

7 Die Glocke auf das Schleifenband ziehen und der Kuh um den Hals binden. Aus der Paketschnur einen 35 cm langen Zopf für den Schwanz aus doppeltgelegten Fäden flechten. Am Ende einen Knoten hinein machen und den Schwanz nur in die Bohrung stecken. So kann er leichter einmal erneuert werden.

Tip

Die Kuh auf dem Foto ist aus Leimholz gefertigt und in dieser Ausführung eine ‚Schönwetterkuh', die bei schlechtem Wetter im Stall bleiben muß oder geschützt unter einem Vordach stehen sollte.

Krokodil, Tukan oder Rabe

Neue Bewohner für Ihren Garten. Einzig die Rabenkrähe könnte einmal von ihren lebendigen Vettern Besuch bekommen.

Material

für das Krokodil

- *Fichtenholzbrett, 1,85 cm stark, 19 cm x 100 cm*
- *druckimprägniertes Vierkantholz, 7,5 cm x 9,5 cm, 44 cm lang*
- *2 Holzdübel, Ø 8 mm*
- *2 schwarze Holzperlen, Ø 1 cm*
- *wasserfester Leim*
- *farbige Holzbeizen*
- *Klarlack*

für den Tukan oder Raben

- *Fichtenholzbrett, 1,85 cm stark, 19 cm x 130 cm*
- *druckimprägniertes Rundholz, Ø 6 cm, 85 cm lang*
- *2 Holzdübel, Ø 8 mm*
- *2 schwarze Holzperlen, Ø 1,2 cm*
- *wasserfester Leim*
- *farbige Holzbeizen*
- *Klarlack*

Werkzeug

- *elektrische Stichsäge oder Dekupiersäge*
- *Bohrmaschine*
- *Holzbohrer, Ø 8 mm*
- *Schraubzwingen*
- *Holzraspel oder Holzfeile*
- *Schmirgelpapier*
- *Taschenmesser oder Schnitzmesser*

1 Übertragen Sie alle Teile von Seite A bzw. B des Vorlagenbogens auf das Fichtenholzbrett. Auf dem Vorlagenbogen finden Sie die Angabe, wie häufig jedes Teil benötigt wird. Sägen Sie alle Teile mit der Stich- oder Dekupiersäge aus.

2 Für die Augenhöhlen bohren Sie zunächst mit dem 8 mm-Bohrer ein 5 mm tiefes Loch vor. Mit dem Messer diese Bohrungen so bearbeiten, daß sie zu den aufgezeichneten Augenrändern schräg auslaufen. Die Sägekanten der

Holzteile mit der Feile bzw. Raspel abrunden (siehe Foto oben). Die in der Vorlage schraffierten Stellen sind etwas stärker bearbeitet. Dieses richtet sich in erster Linie nach Ihrem eigenen Geschmack. Achten Sie jedoch darauf, daß das mittlere Körperteil beidseitig nur an den schraffierten Stellen und die seitlichen Körperteile nur an der Körperaußenseite abgerundet werden. Anschließend alle Kanten mit Schmirgelpapier glätten.

3 Beim Zusammenleimen der Tiere gehen Sie wie folgt vor: Im ersten Arbeitsschritt verleimen Sie beim Krokodil die Körperteile miteinander und spannen sie mit Schraubzwingen zusammen. Nachdem der Leim abgebunden hat, die ‚Arme' und Beine mit Leim anbringen und

mit Schraubzwingen wieder anpressen (siehe Foto unten). Auch beim Vogel verleimen Sie erst die Körperteile miteinander, dabei jedoch die Schwanzteile lose einstecken. Der Schwanz wird anschließend in einem Arbeitsgang zusammengeleimt und in das Körperteil eingeleimt. Nachdem der Leim abgebunden hat, die Flügel anbringen. Wann immer möglich die Teile mit Schraubzwingen zusammenpressen.

4 Zeichnen Sie als nächstes an dem Vierkant- bzw. Rundholz die Sitzfläche an. Dazu halten Sie das Tier mit der Seite auf dem Sitzholz an und zeichnen mit dem Bleistift an der Unterkante entlang. Sägen Sie das Sitzholz entsprechend zu. In die Sitzfläche der Tiere zwei Bohrungen von 8 mm Durchmesser für die Dübel bohren. Die Sitzfläche des Sitzholzes ebenfalls für die Dübel vorbohren. Probieren Sie aus, ob alles paßt, eventuell nachfeilen.

5 Die Tiere mit der farbigen Beize laut Foto oder Ihren eigenen Vorstellungen streichen. So entstehen nach einer Vorlage Tukan oder Rabe. Nach dem Trocknen der Beize die Dübel einleimen, die Sitzfläche mit Leim einstreichen und das Tier auf das Sitzholz setzen. Den Leim abbinden lassen. Leimen Sie die Holzperlen als Augen in die Vertiefungen ein. Das Tier und die Sitzfläche mit Klarlack lackieren.

Garten-wichtel

Freundlich beobachten diese beiden das bunte Treiben im Garten.

Material

- *Baumabschnitt, Ø 11 cm, 50 cm lang*
- *Holzkugel, Ø 3 cm*
- *Rundholz, Ø 6 mm, 4 cm lang*
- *Bast*
- *wasserfester Leim*
- *Lack in Rot, Schwarz, Weiß*
- *Klarlack*

Werkzeug

- *Baumsäge*
- *Bohrmaschine*
- *Holzbohrer, Ø 6 mm*
- *Schere*
- *Pinsel*

1 Sägen Sie den Baumabschnitt auf einer Seite in einem Winkel von etwa 45° schräg ab. Je nachdem, wie Sie den Winkel verändern, wird das Gesicht größer oder kleiner.

2 An der oberen Kante der Schräge bohren Sie mit dem Bohrer sechs bis acht Löcher für die Basthaare. Auf der Hälfte der verbleibenden Fläche das Loch für das Rundholz bohren. Geben Sie etwas Leim in die Bohrung der Holzkugel, und stecken Sie das Rundholz bis zum Ende der Bohrung ein. Auf der anderen Seite der Holzkugel steht das Rundholz etwa 1 cm heraus. Nachdem der Leim getrocknet ist, die Nase in die Bohrung des Baumabschnittes einleimen. An der Nasenspitze das Rundholz zur Holzkugel anschmirgeln, so daß eine ebene Oberfläche entsteht.

3 Malen Sie nun Augen und Mund mit Lack auf. Zum Schluß bekommt der Wichtel seine Frisur. Dazu wickeln Sie einige Bastfäden mehrmals um drei Finger Ihrer Hand und schneiden das Gewickelte an einer Seite auf. Mit der Scherenspitze oder einem Schraubenzieher drücken Sie kleine Bastbüschel fest in die Bohrungen. Die Bastbüschel werden nicht eingeklebt, damit sie leichter ausgewechselt werden können.

Tip

Es gibt noch viele weitere Gestaltungsmöglichkeiten. Zwei Rindenstücke können als Ohren angeklebt werden oder eine Haushaltsbürste als Frisur. Eine Baumscheibe wird zur Hutkrempe, zwei Asthälften sind die Füße – lassen Sie Ihrer Phantasie freien Lauf.

Klingende Fische

Einmalig: Fische, normalerweise stumm, hier absolut wohlklingend.

Material

- *Zinkblech, 0,1 cm stark, 19 cm x 30 cm*
- *Sperrholz, 7 mm stark, 15 cm x 21 cm*
- *1 Holzkugel, Ø 3 cm*
- *7 Holzperlen, Ø 6 mm*
- *2 Holzperlen, Ø 8 mm*
- *Drachenschnur*
- *Klarlack*

Werkzeug

- *Laubsäge*
- *Bohrmaschine*
- *Metallbohrer, Ø 3 mm*
- *Blechschere*
- *Schlüsselfeile*

1 Übertragen Sie den Fisch und den Tropfen von Seite B des Vorlagenbogens je dreimal auf das Zinkblech. Motive mit der Blechschere ausschneiden und die Ränder mit der Schlüsselfeile glattfeilen.

2 Die Löcher an den in der Vorlage gekennzeichneten Stellen bohren. Halten Sie die Motive dabei nicht mit der Hand fest. Die Ränder der Bohrungen ebenfalls feilen. Nun die Fische und Tropfen polieren und eventuell lackieren.

3 Aus dem Sperrholz einen Kreis von 14,5 cm Durchmesser aussägen (Vorlagenbogen Seite B) und an den in der Vorlage gekennzeichneten Stellen durchbohren. Zusätzlich die Holzform für den Schwengel aussägen und bohren. Die Holzteile nach dem Schmirgeln zweimal mit Klarlack lackieren. Das Klangspiel wie auf Seite 15 beschrieben zusammensetzen.

Klangspiel aus Bambus

Tönende Grüße aus dem Fernen Osten. Warum nicht mal in der Lüneburger Heide oder an der Mecklenburgischen Seenplatte?

Material

- *Bambusstange, Ø 2 cm bis 2,5 cm, 1,60 m lang*
- *Sperrholz, 7 mm stark, 15 cm x 15 cm*
- *1 Holzkugel, Ø 4 cm*
- *7 Holzperlen, Ø 6 mm*
- *2 Holzperlen, Ø 8 mm*
- *1 Naturholzwürfel, diagonal gebohrt*
- *Drachenschnur*
- *Klarlack*

Werkzeug

- Gehrungslade mit Feinsäge
- Bohrmaschine
- Metallbohrer, Ø 3 mm
- Laubsäge
- Schere

1 Die Bambusstange in fünf Stücke von 22 cm, 24 cm, 26 cm, 28 cm und 32 cm sägen. Dabei immer ein Ende gerade und das andere Ende schräg sägen. Die Bambusstücke 1 cm vom geraden Ende gemessen mit dem 3 mm-Bohrer durchbohren. Um einen guten Klang zu erreichen, durchstoßen Sie die Knotenpunkte im inneren der Bambusstücke mit einem Schraubenzieher.

2 Aus dem Sperrholz einen Kreis von 14,5 cm Durchmesser (Vorlagenbogen Seite B) aussägen und an den in der Vorlage gekennzeichneten Stellen durchbohren. Alle Sägekanten glattschmirgeln.

3 Bambusstücke, Holzscheibe, Holzwürfel und die große Holzkugel leicht anschmirgeln, entstauben und zweimal mit Klarlack lackieren. Nach dem Trocknen der Farbe das Klangspiel wie auf Seite 15 beschrieben zusammensetzen.

Libellen

Keine Angst vor Rieseninsekten in Ihrem Garten, weder genmanipuliert noch dem letzten Horrorfilm entfleucht – einfach nur große und bunte Teich- und Gartentupfer.

Material für vier Libellen

- *Plexiglas, 1 mm stark, 18 cm x 30 cm*
- *Massivholz, 1,8 cm stark, 14 cm x 15 cm*
- *4 verzinkte Ringschrauben, 6 mm x 3 mm*
- *Drachenschnur*
- *wasserfester Filzstift*
- *Lackstift in Schwarz*
- *farbige Holzbeizen*
- *Klarlack*

Werkzeug

- *Laubsäge oder Dekupiersäge*
- *Sägeblätter für Holz und Kunststoff*
- *Raspel oder Feile*
- *Bohrmaschine*
- *Metallbohrer, Ø 3 mm*

1 Übertragen Sie die Vorlage für den Körper in der Seitenansicht von Seite B des Vorlagenbogens auf das Holz. Achten Sie darauf, daß die Holzmaserung längs zum Libellenkörper verläuft. Würde die Maserung quer zum Körper verlaufen, kann dieser leicht brechen. Sägen Sie den Körper und den Einschnitt für die Flügel aus.

2 Nun müssen Sie die Libellenform ausarbeiten. Dazu übertragen Sie die ‚Ansicht von oben' am besten zunächst von Seite B des Vorlagenbogens auf ein Blatt Papier, schneiden sie aus und legen sie dann auf den Libellenkörper. Die aufgezeichneten Taillierungen können Sie entweder mit Raspel oder Feile herausarbeiten oder mit der Laubsäge oder Dekupiersäge sägen.

3 Für die Ringschrauben etwa 3,5 cm vom Kopf gemessen mit dem Bohrer jeweils ein Loch vorbohren und die Ringschraube eindrehen. Bei so einem Libellenschwarm sieht es sehr schön aus, wenn die Libellen unterschiedliche Flughaltungen zeigen. Dazu genügt es, die Ringschraube wenige Millimeter weiter zum Kopf oder in Richtung Schwanz einzuschrauben.

4 Die Libellenkörper zunächst mit den farbigen Holzbeizen einfärben und nach dem Trocknen mit Klarlack lackieren. Zum Trocknen können Sie einen Faden durch die Ringschraube ziehen und den Libellenkörper daran aufhängen.

5 Die Flügel sägen Sie aus dem Plexiglas zu. Übertragen Sie die Vorlage von Seite B des Vorlagenbogens, indem Sie das Plexiglas darauf legen (Schutzfolie nicht abziehen) und mit wasserfestem Filzstift die Umrisse nachzeichnen. Die Flügel samt Schutzfolie aussägen, so wird das Plexiglas vor Kratzern geschützt. Nun ziehen Sie die Schutzfolie ab und legen die Flügel wieder auf die Vorlage. Mit dem Lackstift die Umriße und Äderungen der Flügel nachzeichnen.

6 Zum Schluß die Flügel in den Körperschlitz stecken und mit einem Stück Drachenschnur die Libellen in einem Baum oder Strauch aufhängen oder neben den Gartenteich auf Steine setzen.

Windlichter

Metallblumen als Windlichter. Der edle Kontrast zur Natur könnte kaum größer sein.

1 Übertragen Sie die Vorlage für die Blüte von Seite B des Vorlagenbogens auf das Zinkblech, und schneiden Sie diese mit der Blechschere aus. In die Mitte der Blüte ein Loch von 5 mm Durchmesser bohren.

2 Polieren Sie das Blech, wie auf Seite 12 im Abschnitt ‚Polieren' beschrieben. Mit der Kombizange biegen Sie nun die Blütenblätter nach oben und die Blattspitzen etwas nach außen.

Material

- *Zinkblech 1 mm stark, 16 cm x 16 cm*
- *Kiefernholz, 1,8 cm stark, 11,5 cm x 11,5 cm*
- *Edelstahlschraube, 3,5 mm x 20 mm*
- *Lack in Blau*
- *Klarlack*
- *Teelicht*

Werkzeug

- *Blechschere*
- *Bohrmaschine*
- *Metallbohrer, Ø 5 mm*
- *Schlüsselfeile*
- *Kombizange*

3 Das Kiefernholzstück an den Kanten glattschmirgeln und blau lackieren. Nach dem Trocknen der Farbe noch einmal mit Klarlack versiegeln und trocknen lassen.

4 Die Blüte in der Mitte des Holzstückes mit der Schraube befestigen. Nun können Sie das Teelicht hineinstellen.

Tip

Die Blechblüte auf ein lackiertes Rundholz geschraubt und in einen Blumentopf gesteckt, gibt auch auf Balkon oder Terrasse ein schönes Licht.

Blüten-kugeln

Bunt wie der Garten drumherum. Diese Kugeln sind Leichtgewichte und auch leicht zu basteln.

Material

- *1 Styroporkugel, Ø 10 cm*
- *1 Rundholz, Ø 1,2 cm Durchmesser, etwa 50 cm lang*
- *Stoffreste, etwa 8 cm x 44 cm*
- *wasserfester Leim*
- *Klarlack*
- *Heißkleber*
- *Schleifenband, 5mm breit, 80 cm lang*

Werkzeug

- *Zackenschere für Stoff*
- *Schere*
- *Pinsel*
- *Topf mit Sand*

1 Zunächst mit der Schere ein Loch für das Rundholz in die Styroporkugel bohren. Kleben Sie das Rundholz mit Heißkleber in die Styroporkugel ein.

2 Mit der Zackenschere die Stoffreste in etwa 3 cm x 4 cm große Stoffstückchen schneiden. Für eine Styroporkugel von 10 cm Durchmesser benötigen Sie etwa 22 Stoffstückchen.

3 Streichen Sie die Kugel ganzflächig mit wasserfestem Leim ein, und legen Sie die Stoffstücke leicht überlappend darauf (siehe Foto unten). Stoff glatt streichen. Beginnen Sie mit dem Aufkleben an den Bohrungen und vermeiden Sie Falten im Stoff. Ist die Kugel ganz mit Stoff beklebt, können Sie das Rundholz in einen mit Sand gefüllten Topf stecken.
Nach dem Trocknen wird die gesamte Stoffschicht dünn mit Leim eingestrichen. Den Leim vollständig aushärten lassen und anschließend leichte Unebenheiten mit Schmirgelpapier glätten. Die Blütenkugel noch mit Klarlack lackieren.

4 Das Rundholz passend zum Stoff zweimal farbig oder klar lackieren. Nach dem Trocknen der Farbe aus dem Schleifenband unterhalb der Kugel eine Schleife um das Rundholz binden.

Blechente

»Ich bin eine Blechente, aber nicht verwandt mit der auf vier Rädern, die sich 2CV von Renault nannte. Die stank nämlich nach Benzin.«

Material

- *Zinkblech 1 mm stark, 22 cm x 30 cm*
- *Naturbast*

Werkzeug

- *Blechschere*
- *Schere*
- *Schlüsselfeile*
- *Bohrmaschine*
- *Metallbohrer, Ø 3 mm*

1 Übertragen Sie die Ente von Seite B des Vorlagenbogens auf Zinkblech, und schneiden Sie das Motiv aus. Auch den Einschnitt am Flügel ausführen. Das Auge mit der Bohrmaschine bohren. Halten Sie das Motiv dabei nicht mit der Hand fest, sondern befestigen Sie es mit einer Schraubzwinge auf einem Bohrklotz.

2 Alle Kanten mit der Schlüsselfeile glätten. Polieren Sie die Blechente, und binden Sie ihr eine Schleife aus Bast um die Füße.

Sonnenfänger

Beschwörungsgebilde: Liebe Sonne, scheine doch! Und wenn die Sonne dann scheint, sind diese außergewöhnlichen Blumenstecher im Gegenlicht am schönsten.

Grundmaterial

- *je 1 Schweißdraht, Ø 3 mm*
- *Zier- oder Bindedraht, Ø 0,5 bis 1 mm*
- *Rostschutzfarbe*

Je nach Modell

- *Plexiglas, 1 bis 2 mm stark*
- *Perlen und Dekoelemente aus Glas oder Kunststoff*
- *Glasnugets oder -tropfen*
- *getrocknete Blüten*
- *Seidenblüten*
- *Sekundenkleber*
- *Glasmalfarben*

Werkzeug

- *Flach- oder Kombizange*
- *Seitenschneider*
- *Laubsäge*
- *Bohrmaschine*
- *Metallbohrer, Ø 3 mm*
- *wasserfester Filzstift*

1 Biegen Sie den Schweißdraht entsprechend der Vorlage (Vorlagenbogen Seite B) in die gewünschte Kreis- oder Quadratform. Zum Biegen der Kreise halten Sie ein Ende des Schweißdrahtes mit der Zange fest. Mit der anderen Hand fassen Sie den Schweißdraht unmittelbar vor der Zange. Dabei den Daumen zur Unterstützung von unten gegen den Schweißdraht legen und diesen leicht nach unten biegen. So nun Stück für Stück weiter verfahren, indem Zange und Hand vorrücken, bis der Kreis geschlossen ist. Achten Sie darauf, daß Sie die Zange immer in gleicher Richtung ansetzen, damit die Form plan aufliegt. Zwischendurch den Schweißdraht auf die Vorlage legen und gegebenenfalls die Form korrigieren.

2 Ist die Form fertig gebogen, wird der Rest des Schweißdrahtes im rechten Winkel als Stiel umgebogen. Für Beetstecker lassen Sie den Stiel in ganzer Länge, für Blumentopfstecker kürzen Sie ihn um etwa 30 bis 35 cm. Rauhen Sie den Schweißdraht mit Schmirgelpapier an, und entfetten Sie ihn. Nun mit der Rostschutzfarbe behandeln und je nach Herstellerangabe einige Stunden trocknen lassen. Ist die Farbe getrocknet, können Sie die Sonnenfänger ausgestalten:

Blütenkreis und Herz

1 Wickeln Sie den blauen oder gelben Zierdraht ein Stück ab, und fädeln Sie einige Perlen auf. Den Anfang des Zierdrahtes zunächst

Einige wenige Werkzeuge und viele ungewöhnliche Materialien brauchen Sie für Ihre Sonnenfänger.

unterhalb des Motives einige Male um den Stiel wickeln. Von hier aus wickeln Sie ihn ein paar Mal kreuz und quer um die Drahtform, wobei Sie die Perlen so auf dem Zierdraht verschieben, daß sie etwas verteilt sind. Den Zierdraht zum Schluß einige Male um den Stiel wickeln und abkneifen.

2 Kleine Seidenblüten oder getrocknete Blütenblätter zwischen den Draht schieben.

Kreise und Viereck aus Plexiglas

1 Legen Sie die gebogene Drahtform auf ein Blatt Papier, und zeichnen Sie diese entlang der Innenkante auf. Auf diese Zeichnung legen Sie nun das Plexiglas (Schutzfolie nicht abziehen) und zeichnen die Form darauf mit Filzstift nach. Die Vorlage für die Tropfenform ebenfalls übertragen.

2 Sägen Sie das Plexiglas aus, und bohren Sie etwa 2 mm vom Rand entfernt Löcher: Für den Kreis benötigen Sie acht Bohrungen, gleichmäßig verteilt, für das Viereck an jeder Kante drei Bohrungen, für die Tropfenform eine Bohrung.

3 Die Schutzfolien abziehen und die Plexiglasscheiben von einer Seite mit Glasmalfarben nach eigenen Vorstellungen oder den Vorlagen bemalen.
Für das Eiskristall eine Papierschablone ausschneiden, auf das Plexiglas legen und mit einem Schwamm weiße Farbe auftupfen. Dabei die Schablone mit der Hand fest andrücken, so daß sie nicht verrutscht, während die Farbe aufgetragen wird. Nach dem Trocknen der Farbe ein passendes Dekoelement mit Zierdraht befestigen. Das Vierreck und den Tropfen mit Glasnugets und Perlen bekleben. Hierfür eignet sich Sekundenkleber, verwenden Sie aber nur sehr wenig, da er milchig ausdampft.

4 Nach dem Trocknen von Farben und Kleber ein etwa 50 cm langes Stück Zierdraht zunächst an einem Ende durch mehrmaliges Umwikkeln unterhalb der Drahtform am Stiel befestigen. Den Zierdraht nun weiter um die Drahtform wickeln und dabei durch die Löcher der Plexiglasscheibe fädeln. Am Ende den Zierdraht noch einige Male um den Stiel wickeln und den Rest abkneifen. Mit einem zusätzlichen Stück Zierdraht den Tropfen am Viereck und den Stern am Eiskristall befestigen.

Sonne und Mond

1 Die Vorlagen finden Sie auf Seite B des Vorlagenbogens. Biegen Sie den Schweißdraht wie oben beschrieben und korrigieren Sie eventuell nach dem Biegen die Vorlage für das Plexiglas entsprechend Ihrer gebogenen Drahtform. Dazu pausen Sie die Vorlage auf Butterbrotpapier, legen die Drahtform wie vorgesehen auf und zeichnen die Linie entlang dem Draht nach.

2 Die Plexiglasformen entsprechend dem Foto mit Glasmalfarben streichen und andrahten, wie oben beschrieben. Dabei für die Sonne einige Perlen einziehen.

Blumenstecker aus Modelliermasse

Weihnachtsgebäck ausstechen oder Blumenstecker aus Modelliermasse schneiden. Der Unterschied: nur die eine Sorte kann man essen.

Material

- *lufttrocknende Modelliermasse*
- *3 Rundhölzer, Ø 6 mm, 38 cm lang*
- *Naturbast oder Sisalschnur*
- *Klarlack*
- *Pappe*
- *Alleskleber*

Werkzeug

- *Teigrolle*
- *Küchenmesser*
- *Zahnstocher*
- *Schmirgelpapier*
- *Schere*
- *Cutter*

1 Stellen Sie zunächst eine Schablone her. Dazu übertragen Sie das Motiv von Seite B des Vorlagenbogens auf Pappe und schneiden es mit Schere oder Cutter aus.

2 Kneten Sie einen Teil der Modelliermasse gut durch, bis sie geschmeidig ist. Mit der Teigrolle die Modelliermasse auf der Unterlage etwa 8 bis 10 mm dick ausrollen.

3 Legen Sie die Pappschablone auf die Modelliermasse, und schneiden Sie die Motive mit dem Küchenmesser aus. Augen und Muster modellieren Sie mit dem Zahnstocher oder dem Drücker eines Kugelschreibers. Die Löcher für die Rundholzstäbe und die Haare des Püppchens lassen sich gut mit einer Bleistiftspitze eindrücken. Bei der Ente mit dem Zahnstocher sehr vorsichtig zwei Löcher durch die Rückenfläche stechen.

4 Modellieren Sie zusätzlich einige Perlen, die Sie mit dem Zahnstocher durchstechen.

5 Die Motive auf einem Holzbrettchen aushärten lassen, diese dabei zwischendurch immer wieder umdrehen und zu Beginn des Trocknens vorsichtig flach drücken. Dabei unbedingt darauf achten, die Öffnungen nicht zuzudrücken!

6 Die Rundholzstäbe mit dem Cutter anspitzen und mit einem Tropfen Heißkleber in die vollständig getrockneten Motive kleben. Da die Modelliermasse leicht Feuchtigkeit aufnimmt und dadurch weich wird, müssen die Motive sehr sorgfältig lackiert werden.

7 Nachdem der Lack getrocknet ist, bei dem Püppchen kurze Abschnitte der Sisalschnur als Frisur einkleben und aufdrehen. Bei der Ente zwei modellierte Kugeln mit einem Bastfaden in den Flügelausschnitt hängen. Zum Schluß unterhalb der Motive aus einigen Fäden Bast eine Schleife um das Rundholz binden und eventuell mit einem Tropfen Heißkleber fixieren.

Für Kletterer in Topf und Beet

Vogel

Sie sind nicht jeden Tag zu sehen, diese zierlichen Rankhelfer für kleine Kletterpflanzen. In kräftigen Farben bemalt, kontrastieren sie schön zum umrankenden Grün.

Material

- *verzinkter Draht, Ø 3 mm, 1,80 m lang*
- *1 Rolle Zinkdraht, Ø 1 mm*
- *Kükendraht, Rechteckgeflecht, 30 cm x 40 cm*
- *Zinkhaftfarbe*
- *evtl. Lack*

Werkzeug

- *Kombizange*
- *Seitenschneider*

1 Biegen Sie aus dem dickeren verzinkten Draht die Tierform von Seite B des Vorlagenbogens nach. Dazu beginnen Sie 33 cm vom Drahtende gemessen mit einem rechten Winkel. Biegen Sie entsprechend der Vorlage weiter. Bögen lassen sich bei diesem recht weichen Draht gut über den Daumen biegen. Ist das Motiv fertig, biegen Sie dort, wo die Drähte aufeinander treffen, einen rechten Winkel und kneifen den Draht nach 33 cm ab. Drahtenden unterhalb des Motives mit dünnem Zinkdraht zusammenbinden.

2 Legen Sie den Kükendraht auf das Drahtmotiv, und schneiden Sie außen entlang des Motives den Kükendraht aus (siehe Foto ①). Kneifen Sie von dem dünnen Zinkdraht jeweils 40 cm lange Stücke ab. Umwickeln Sie zunächst die Enden des Kükendrahtes unterhalb des Motives drei- bis viermal mit dem dünnen Draht. Wickeln Sie dann weiter am Drahtmotiv hoch, und fädeln Sie ihn dabei alle ein bis zwei Zentimeter durch eine Masche des Kükendrahtes (siehe Foto ②). Verfahren Sie so weiter, bis beide Teile fest miteinander verbunden sind. Überstehende Drahtspitzen des Kükendrahtes an den verzinkten Draht anbiegen.

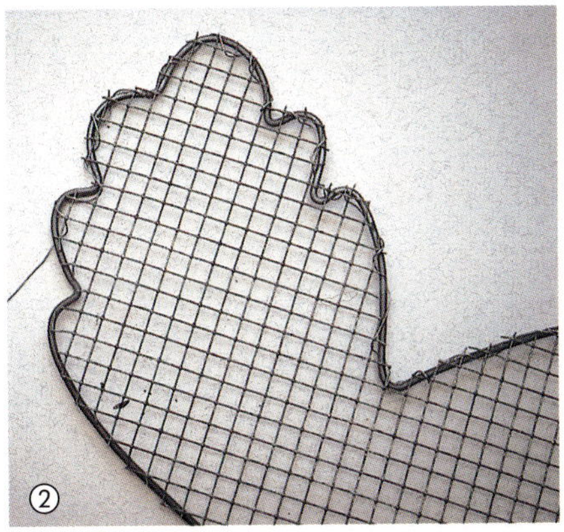

3 Da verzinkter Draht nicht rostet, kann die Figur unbehandelt als Rankhilfe in einen Topf gesteckt werden. Je nach Topfhöhe die Einsteckdrähte eventuell etwas kürzen. Wer es gerne farbig mag, trägt Zinkhaftfarbe und anschließend farbigen Lack auf.

Genauso einfach ist eine dekorative Katze herzustellen (ohne Vorlage).

Schmetterlinge

Ganz filigran: eine kleine Ranksäule mit metallisch glänzenden Schmetterlingen, die nie davonfliegen.

Material

- *Vierkantholz, 2 cm x 2 cm, 1,80 m lang*
- *2 Schweißdrähte, Ø 3 mm, 1 m lang*
- *Kupferblech, 1 mm stark, 18 cm x 22 cm*
- *3 Holzdiskusse 12 mm x 5 mm in Schwarz*
- *3 Holzperlen in Schwarz, Ø 12 mm*
- *1 verzinkter Drahtstift*
- *Rostschutzfarbe*
- *Lack in Schwarz*
- *Zweikomponentenkleber*
- *Schleifenband, 4 mm breit, 2,50 m lang*

Werkzeug

- *Laubsäge oder Dekupiersäge*
- *Sägeblätter für Metall*
- *Bohrmaschine*
- *Metallbohrer, Ø 3 mm*
- *Kombizange*
- *Schlüsselfeile*
- *Schere*
- *Hammer*

1 Sägen Sie in eine Stirnfläche der Holzleiste mittig einen Schlitz von 1,5 cm Tiefe. Bohren Sie von der Seite quer dazu in einem Abstand von 1 cm ein Loch für den Drahtstift vor. Hier wird später der große Schmetterling eingesteckt. Von diesem Ende der Holzleiste messen Sie dreimal 20 cm ab und markieren diese jeweils mit Bleistift. An der oberen und unteren Markierung die Holzleiste mit dem 3 mm-Metallbohrer in gleicher Richtung durchbohren. Für die mittlere Bohrung die Leiste von der

Seite durchbohren. Die Holzleiste zweimal schwarz lackieren.

2 Vom Schweißdraht einmal 40 cm, einmal 50 cm und einmal 55 cm abkneifen. Biegen Sie an einem Ende der Schweißdrähte jeweils etwa 5 cm in einem leichten Bogen nach unten. Die Schweißdrähte leicht anrauhen und bis zur Hälfte durch die Bohrungen der Holzleiste schieben: den kurzen durch die oberste Bohrung, den längsten durch die unterste. Nun den Schweißdraht fettfrei machen, mit Rostschutz behandeln und schwarz streichen.

3 Übertragen Sie den großen Schmetterling einmal und den kleinen dreimal von Seite B des Vorlagenbogens auf das Kupferblech. Die Schmetterlinge aussägen, an den in der Vorlage gekennzeichneten Stellen durchbohren und alle Kanten mit der Schlüsselfeile glätten. Polieren und lackieren Sie die Schmetterlinge.

4 Nun den großen Schmetterling in den Schlitz am oberen Ende der Holzleiste stecken. Den verzinkten Drahtstift in die Bohrung der Holzleiste und durch die Bohrung im Schmetterling stecken und ganz einschlagen.

5 Auf jedes gebogene Drahtende einen Schmetterling und einen Diskus mit der flachen Seite zum Schmetterling stecken. Mit einem Tropfen Zweikomponentenkleber sichern. An den geraden Enden die Holzperlen auf gleiche Weise befestigen. Direkt über jedem kleinen Schmetterling je ein Stück Schleifenband zur Hälfte um den Draht legen und verknoten.

Nicht nur für die Gemüseecke

Zwei Vogelscheuchen

Zwei Vogelscheuchen – warum nur zwei? Basteln Sie doch mal eine Großfamilie – sieht bestimmt lustig aus.

Material

groß

- *Tonkugel, Ø 14 cm*
- *Rundholz , Ø 1,4 cm, 1 m lang*
- *Rundholz, Ø 1 cm, 51 cm lang*
- *Bast*
- *Sisalschnur*
- *Sackleinen (Jute), 50 cm x 130 cm*
- *2 künstliche Sonnenblumen*
- *Lackfarben*
- *Heißkleber*

klein

- *Holzkugel, Ø 6 cm*
- *Rundholz , Ø 1 cm, 70 cm lang*
- *Rundholz, Ø 6 mm, 35 cm lang*
- *Bast*
- *Sisalschnur*
- *Sackleinen (Jute), 40 cm x 100 cm*
- *2 künstliche Sonnenblumen*
- *Lackfarben*
- *wasserfester Leim*

Werkzeug

- *Feinsäge*
- *Bohrmaschine*
- *Holzbohrer, Ø 6 mm und 10 mm*
- *Stoffschere*
- *Stopfnadel*

Große Vogelscheuche

1 Das längere Rundholz 13 cm von einem Ende durchbohren. Leimen Sie hier das dünnere Rundholz als Arme mittig ein. Das Holzkreuz zweimal mit Klarlack lackieren.

2 Aus dem Sackleinen ein Stück von 48 cm x 92 cm zurechtschneiden. Legen Sie den Stoff so aufeinander, daß sich eine Schulterbreite von 48 cm ergibt. Vom Saum bis 14 cm vor den Stoffbruch die Seiten je 2 cm schmaler schneiden (siehe Skizze). In die Mitte des Stoffbruchs ein kleines Halsloch schneiden und das Holzkreuz von unten hindurchstecken.

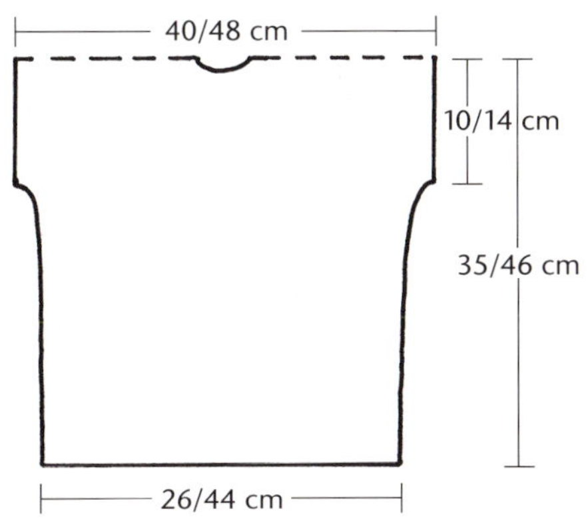

3 Mit einem Bastfaden in großen Stichen die Seitennähte zusammennähen, dabei Armöffnungen von 14 cm belassen. Die Armöffnungen 2 cm weit ausfransen, mit einem Bastfaden reihen, das Sackleinen etwas kräuseln und den Bastfaden zur Schleife binden.

Den Saum 2 cm weit ausfransen, in 10 cm Höhe zusammenraffen und mit Bast oder Sisalschnur eng an den Stock binden.

4 Auf die Spitze des senkrechten Rundholzes geben Sie Heißkleber und schieben es durch die Öffnung der Tonkugel, bis es an die Wandung stößt. Mit den Lackfarben das Gesicht aufmalen.

5 Aus dem Sackleinen nach der Vorlage (Vorlagenbogen Seite B) den Hut zuschneiden und so zusammenlegen, daß die Kreuz- und Punkt-Markierungen aufeinanderliegen. Mit einem Handfaden die Naht schließen und den Hut wenden.

6 Etwas Bast um die Hand wickeln, an einer Seite aufschneiden und mit Heißkleber als Ponyhaare auf die Tonkugel kleben. Den Hut kleben Sie ebenfalls mit Heißkleber auf. Eine Sonnenblume an den Halsausschnitt, die zweite Blüte an die Taille kleben.

Kleine Vogelscheuche

Diese Vogelscheuche wird fast genauso gearbeitet wie die große. Das längere Rundholz wird hier allerdings nach 6 cm durchbohrt, und Sie benötigen ein 40 cm x 70 cm großes Stück Sackleinen für das Kleid, das Sie entsprechend der Skizze zuschneiden und seitlich offen lassen können. Für die Haare schneiden Sie anstelle der Bastfäden aus der restlichen Jute einen 2 cm breiten und 16 cm langen Streifen zu, fransen ihn etwas aus und leimen ihn auf.

Gartenschlauchmann

Ein ordnungsliebendes Wesen ist dieser Gartenschlauchmann. Gekonnt, gleich einem englischen Butler – nur im bunteren Gewand –, hat er den Gartenschlauch fest im Griff wie ein Servierbrett mit köstlichen Speisen und Getränken.

Material

- *Sperrholz, 6 mm stark, 35 cm x 35 cm*
- *Sperrholz, 1,5 cm stark, 40 cm x 50 cm*
- *Vierkantholz, 8 cm x 9,5 cm, 1,50 m lang*
- *Vierkantleiste, 1 cm x 2 cm, 20 cm lang*
- *Holzkugel, Ø 3 cm*
- *Rundholz, Ø 6 mm, 5 cm lang*
- *4 verzinkte Drahtstifte, 1 mm x 20 mm*
- *Heißkleber*
- *Jutekordel*
- *Stoffrest 30 cm x 30 cm*
- *wasserfester Leim*
- *Lacke*
- *Schleifenband, 70 cm*

Werkzeug

- *elektrische Stichsäge oder Dekupiersäge*
- *Bohrmaschine*
- *Holzbohrer, Ø 6 mm*
- *Raspel oder Feile*
- *Schere*

1 Übertragen Sie die Hutkrempe von Seite B des Vorlagenbogens auf das 6 mm starke Sperrholz. Den Arm zweimal und die Füße einmal auf das 1,5 cm starke Sperrholz übertragen. Sägen Sie alle Teile entlang den Umrissen aus.

2 Für die Innenausschnitte bei der Hutkrempe und der Fußplatte bohren Sie zunächst ein Loch, dessen Durchmesser der Sägeblattbreite entspricht. Das Sägeblatt nun durch die Bohrung führen und den Innenausschnitt aussägen. Alle Teile schmirgeln.

3 Am oberen Ende des Vierkantholzes die Kanten und Ecken mit Raspel oder Feile abrunden.

4 Die Arme werden an den Schmalseiten des Vierkantholzes so angeleimt, daß die Hände höher sind als die Ellenbogen. Messen Sie von dem oberen Ende des Vierkantholzes bis zum Anfang der Oberarme 27,5 cm und legen Sie die Arme dort in der korrekten Position an. Markieren Sie nun an den Innenseiten der Arme mit Bleistift den Kantenverlauf des Vierkantholzes, und streichen Sie den Arm auf der Innenseite bis dort hin flächig mit Leim ein. Die Arme an das Vierkantholz leimen und mit Schraubzwingen gut anpressen, dabei Restholzstücke unterlegen, um Druckstellen der Zwingen zu vermeiden.

5 Ziehen Sie die Hutkrempe über das Vierkantholz. Sie soll etwa 8 cm weit heruntergezogen werden und sich leicht schräg verkanten lassen. Feilen Sie eventuell den Innenausschnitt entsprechend nach. Markieren Sie mit Bleistift die Unterkante der Hutkrempe am Vierkantholz. Krempe wieder abziehen.

6 Probieren Sie ebenfalls aus, ob sich die Füße auf das Vierkantholz schieben lassen. Von der Unterkante der Füße gemessen, schaut das Vierkantholz 50 cm weit nach unten heraus. Markieren Sie die 50 cm mit Bleistift und schieben Sie die Füße etwas weiter zum Kopf hoch. Von der kurzen und dünneren Vierkantleiste sägen Sie zweimal 9,5 cm ab. Diese Leistenstücke werden an der Vorder- und Rückseite des Vierkantholzes mit Leim und Drahtstiften direkt unterhalb der Markierung befestigt. Die Füße auf diesen Leisten anleimen.

7 Für die Nase leimen Sie das Rundholz so in die Holzkugel, daß die Bohrung ganz verschlossen ist. Schieben Sie dafür das Rundholz vollständig durch das Bohrloch nach vorne. In 9,5 cm Abstand von der Markierung für die Hutkrempe mittig eine Bohrung für die Nase in das Vierkantholz bohren und diese dort einleimen. Nachdem der Leim ausgehärtet ist, die Nasenspitze glatt schmirgeln.

8 Den Gartenschlauchmann bis zur Markierung der Hutkrempe bemalen. Nach dem Trocknen der Farben die Jutekordel für die Frisur zurechtschneiden. Für den Pony genügen 6 cm lange Kordelstücke, während Sie für die Seitenpartien und den Hinterkopf etwa 13 cm lange Stücke benötigen. Kleben Sie die Kordelstücke entlang der Markierung für die Hutkrempe mit Heißkleber nebeneinander auf (siehe Foto links). Damit die Frisur etwas fülliger wird, die Schnur aufdröseln.

9 Die Hutkrempe zunächst von der Unterseite lackieren. Nach dem Trocknen der Farbe oberhalb der Frisur etwas Leim auftragen und die Hutkrempe aufsetzen. Den Leim aushärten lassen und den Hut vollständig lackieren.

10 Aus dem Stoffrest ein Dreieckstuch falten und um den Hals des Schlauchmannes binden. Sie können das Tuch natürlich auch einfach nur aufmalen. Zum Schluß das Schleifenband um den Hut binden. Damit der Schlauchmann sicher steht, ein etwa 50 cm tiefes Loch graben und die Figur soweit hineinstellen, daß die Fußfläche auf der Erde aufliegt.

Tip

Der Schlauchmann macht sich auch an der Hauswand gut. Dazu benötigen Sie für den Körper ein Vierkantholz von nur 1 m Länge. Die Vorlagen für die Hutkrempe und die Füße werden so abgeändert, daß sie auf der Rückseite mit dem Vierkantholz bündig abschließen. Die Füße ohne Innenausschnitt unter das Vierkantholz leimen und den Schlauchmann an der Hauswand befestigen.

Stiefel-halter aus Bambus

Stiefel als Gartendeko, warum nicht? Innen schön trocken und außen vom Regen sauber gewaschen.

Material

- *2 Bambusstäbe, je 80 cm lang*
- *Bast*
- *wasserfester Leim*

Werkzeug

- *Gehrungslade oder Feinsäge*
- *Bohrmaschine*
- *Holzbohrer, Ø 14 mm*

1 Sägen Sie von den Bambusstangen zwei Stücke von 65 cm und zwei Stücke von12 cm Länge ab. Die kurzen Bambusstücke vom dickeren Ende der Bambusstäbe absägen.

2 Die kurzen Stücke mit dem Bohrer mittig anbohren, aber nicht durchbohren, so daß die langen Bambusstücke hineinpassen. Geben Sie Leim in die Bohrungen, und stecken Sie die langen Bambusstücke ein. Jeweils zwei Bastfäden kreuzweise um die Verbindungsstelle wickeln und zur Schleife binden.

Für Tiere im Garten

Bei den hier gezeigten Ideen wurde bewußt auf Lacke und dekoratives Zubehör verzichtet. Nach Rücksprache mit Mitarbeitern des Naturkundemuseums Bielefeld kann den Tieren durch Inhaltsstoffe von Farben und anderer Materialien mehr geschadet als genützt werden. Aus diesem Grund sollten Sie auch auf eine Wetterschutzlackierung verzichten. Wer dennoch nicht ganz auf etwas Dekoration verzichten möchte, kann wie in diesen Beispielen eine Schleife aus Naturbast oder eine ausgesägte Holzform anbringen.

Ein Haus für Insekten

Eine Gartendekoration mit Nutzeffekt. Zwei Häuschen ziehen noch mehr nützliche Insekten an.

Material

- *Sperrholz, 7 mm stark, 28 cm x 40 cm*
- *Sperrholzrest, 4 mm stark, 10 cm x 10 cm*
- *Rundholz, Ø 5 mm, 35 cm lang*
- *Sisalschnur, 75 cm lang*
- *5 bis 6 Bambusstäbe in unterschiedlicher Dicke, alternativ Schilfbündel oder Holunderzweige*
- *wasserfester Leim*
- *Bast*

Werkzeug

- *Laubsäge oder Dekupiersäge*
- *Bohrmaschine*
- *Holzbohrer, Ø 5 mm*

1 Übertragen Sie die Teile für das Haus von Seite B des Vorlagenbogens auf das 7 mm starke Sperrholz. Die Blüte übertragen Sie von Seite B des Vorlagenbogens auf den 0,4 cm starken Sperrholzrest. Sägen Sie alle Teile aus, und schmirgeln Sie die Kanten glatt.

2 In Dachflächen und Seitenteile die in der Vorlage markierten Löcher bohren.

3 Sägen Sie von dem Rundholz zweimal 1,5 cm und zweimal 15 cm ab. Die kurzen Rundholzstücke werden in die Stirnseite der kürzeren Dachfläche eingeleimt (vorbereitete Werkstücke siehe Foto unten). Die Blüte leimen Sie an die Firstseite des längeren Dachteiles.

4 Legen Sie den Boden in die Aussparungen der Seitenteile ein, und schieben Sie die beiden langen Rundholzstäbe unter dem Boden her durch die Bohrungen der Seitenteile. Die beiden Dachflächen zusammenstecken und auf die Seitenteile setzen.

5 Fädeln Sie die Enden der Sisalschnur durch die oberen Bohrungen der Seitenteile, und sichern Sie diese durch einen Knoten. Aus dem Bastfaden eine Schleife binden und auf die Blüte aufleimen.

6 Das Füllmaterial wie Bambusstäbe, Schilf oder Holunderzweige in 11 cm lange Stücke schneiden oder sägen. Um verschiedenen Insekten einen Unterschlupf zu bieten, sind unterschiedliche Durchmesser des Füllmaterials nötig. Füllen Sie nun das Haus mit den Abschnitten ganz aus, und hängen Sie es an einer sonnigen Hauswand auf.

Ohrenkneiferwohnung

Die ganz besondere Glocke – die Ohrenkneiferwohnung. Je mehr Sie aufhängen, desto mehr Blattlausvertilger können sich ansiedeln.

Material

- *Tontopf, Ø 9 cm*
- *Rundholz, Ø 8 mm, 14 cm lang*
- *Rundholz, Ø 5 mm, 13 cm lang*
- *1 verzinkte Ringschraube, 6 mm x 3 mm*
- *wasserfester Leim*
- *Stroh oder Holzwolle*
- *Sisalschnur*

Werkzeug

- *Feinsäge*
- *Bohrmaschine*
- *Holzbohrer, Ø 5 mm*

1 Bauen Sie aus den Rundstäben einen ‚Quirl'. Sägen Sie dazu von dem Rundholz mit 8 mm Durchmesser ein 14 cm langes Stück ab, und bohren Sie in diesen Rundstab zwei 5 mm-Bohrungen im rechten Winkel und mit etwa 1 cm Abstand zueinander.

2 Von dem dünnen Rundholz sägen Sie einmal 5 cm und einmal 8 cm ab. Das längere Teilstück wird mittig in die Bohrung nahe dem Rundholzende geleimt und hält später den Topf. Das kürzere Teilstück leimen Sie in die zweite Bohrung.

3 Füllen Sie den Topf locker mit Stroh oder Holzwolle und stecken Sie den ‚Quirl' von der Topföffnung her durch das Bodenloch. Nun die Ringschraube in das Ende des Rundholzes, das aus dem Bodenloch ragt, einschrauben und mit einem Stück Sisalschnur aufhängen. Wenn Sie möchten, können Sie die Ohrenkneiferwohnung noch mit einer Schleife aus Sisalschnur oder Bast verzieren.

Tip

Füllen Sie einen etwas größeren Tontopf locker mit getrocknetem Moos und stellen Sie ihn mit der Öffnung auf den Boden. Das Bodenloch dient nun als Einflugloch. Erdhummeln nehmen diese Wohnung manchmal gerne an.

Glossar

Material	Beschreibung / Verwendung	Bezugsquelle
Alleskleber	für leichte Klebearbeiten	Schreibwarenhandel
Bast	zum Zusammenbinden und Umwickeln	Bastelbedarf, Gärtnereien
Bambus	in unterschiedlichen Durchmessern und Längen	Gartenbaumarkt
Bindedraht	als Blumenbindedraht oder Zierdraht, 0,6 bis 1 mm Durchmesser	als Rolle im Bastelbedarf und Floristikzubehör
Butterbrotpapier	zum Durchpausen von Vorlagen	als Rolle in Lebensmittelgeschäften
Drachenschnur	reißfest	Schreib- und Spielwarenhandel
Edelstahlschrauben	nichtrostend	Baumarkt
Folie, schwarz	zum Auslegen von Pflanzgefäßen	Gartencenter
Glasmalfarbe	spezielle Bastelfarbe für glatte Oberflächen	Bastelbedarf
Glasaufsatz	für Kerzenständer	Kaufhaus
Holzdiskus	durchbohrte Halbperle	Bastelbedarf
Holzkugel	siehe Perlen	
Holzleim	für den Außenbereich wasserfest	Baumarkt, Bastelbedarf
Jutekordel	zum Binden	Floristik- und Bastelbedarf
Kohlepapier	zum Übertragen von Vorlagen	Schreibwarenhandel
Kükendraht	verzinkter, kleinmaschiger Draht, verschiedene Maschenformen, z. T. als Meterware	Baumarkt, Gartenbedarf
Kupferblech	1 mm stark	Reststücke beim Gas- und Wasserinstallateur
Lackstift	in verschiedenen Farben und Strichstärken	Schreibwaren
Modelliermasse	lufttrocknend	Bastelbedarf
Messingstiftnägel	ab 0,8 x 11 mm, nichtrostend	Baumarkt, in kleinen Einheiten abgepackt
Messingglöckchen	in verschiedenen Größen	Bastelbedarf
Messingstangen	1 m Stäbe	Modellbauzubehör, Baumarkt
Plexiglas	glasklar, als Zuschnitte, 1 bis 2 mm stark, manchmal farbig erhältlich	Modellbauzubehör, Fachhandel
Perlen	aus Holz, Glas oder Kunststoff, viele Formen und Größen	Bastelbedarf
Paketschnur	als Knäul in verschiedenen Stärken	Haushaltswaren
Polierpaste	zum Polieren metallischer Oberflächen	Haushaltswaren, Fahrradgeschäft
Ringschrauben	verzinkt, verschiedene Größen	Baumarkt

Material	Beschreibung / Verwendung	Bezugsquelle
Sackleinen	auch Jute	Bastelbedarf, Stoffgeschäft
Schmirgelpapier	als Bogen, lose oder abgepackt, verschiedene Körnungen, für Holz, Metall und Lack	Baumarkt, Holzhandlungen
Schweißdraht	in unterschiedlichen Stärken	abgepackt im Baumarkt, einzeln beim Klempner
Sekundenkleber	für eine schnelle Verbindung	Bastel- oder Bürobedarf
Sisalschnur	zum Binden	Floristik- oder Bastelbedarf
Terpentinersatz	zum Reinigen der Pinsel und zum Entfetten von Metall vor dem Anstrich	Farbenfachgeschäft, Baumarkt
Terpentin	wie Terpentinersatz	
verzinkte Drahtstifte	mit Flachkopf, nichtrostend, ab 1,2 x 20 mm	Baumarkt
verzinkter Draht	nichtrostend, verschiedene Durchmesser, weich	Eisenwarenhandel
Zinkblech	1 mm stark	beim Gas- und Wasserinstallateur
Zweikomponentenkleber	zur Verbindung von unterschiedlichen Materialien	Bastelbedarf, Baumarkt

Die Deutsche Bibliothek – CIP-Einheitsaufnahme

Gartendeko selber machen : mit Vorlagenbogen / Marion Dawidowski. [Fotogr.: Klaus Lipa]. – Augsburg : Augustus Verl., 1998
ISBN 3-8043-0504-0

Dank
Bedanken möchte ich mich bei allen, die mich bei der Entstehung dieses Buches unterstützt haben. Besonderer Dank gilt meinem Mann Rainer für seine Hilfe und Geduld. Ebenso meinem Vater Bernhard Volmer sowie P. Becker und Dr. Renner vom Naturkundemuseum Bielefeld und den Mitarbeitern der Tischlerei Soetebier. Sie alle haben meine bohrenden Fragen fachkundig und mit viel Geduld beantwortet.

Fotografie: Klaus Lipa, Augsburg
Lektorat: Sabine Fels, Renningen
Umschlaggestaltung: Christa Manner, München

Layout: Anton Walter, Gundelfingen

AUGUSTUS VERLAG AUGSBURG 1998

Satz: Gesetzt aus 10 Punkt Stone Regular in QuarkXPress von DTP-Design Walter, Gundelfingen
Reproduktion: GAV Prepress, Gerstetten
Druck und Bindung: Appl, Wemding

Gedruckt auf 135 g umweltfreundlich chlorfrei gebleichtes Papier.

ISBN 3-8043-0504-0

Printed in Germany